Nachtrag

zur

Theorie und Praxis

des

Neuen Bienenfreundes

oder einer

Neuen Art der Bienenzucht

mit dem günstigsten Erfolg angewendet

und dargestellt

von

Dzierzon,

Pfarrer zu Carlsmarkt in Schlesien.

Mit 1 Steintafel.

Im Selbstverlage des Verfassers und in Commission der C. H. Beck'schen
Buchhandlung in Nördlingen.
1852.

Vorrede.

Nur das Göttliche ist keiner Verbesserung und Veränderung fähig; alles Menschliche aber verbesserlich, weil des Menschen Wissen Stückwerk, also einer Ergänzung fähig ist. Nur Thorheit mit Hochmuth im Bunde kann daher von einem non plus ultra von Vollkommenheit einer menschlichen Erfindung im Ernste reden. Obschon daher die ungewöhnlich günstige Aufnahme, welche meine vor vier Jahren im Druck herausgekommene und seitdem fast alljährlich in einer neuen Auflage erschienene Theorie und Praxis des neuen Bienenfreundes ein Zeugniß ihres Werthes und der Zweckmäßigkeit der darin empfohlenen und beschriebenen Methode ist, so mußte beständiges Beobachten, Forschen und Versuchen manche Lücke im Stückwerk ausfüllen, manche Vervollkommnung zur Folge haben. Viele dieser neuesten Erfahrungen sind von mir in verschiedenen Artikeln durch die Eichstädter Bienen-Zeitung veröffentlicht worden. Um sie aber zusammengestellt den für meine Methode sich interessirenden Bienenfreunden zu bieten, lag ein doppelter Weg vor; entweder einer etwaigen neuen Auflage sie an passender Stelle einzuverleiben, also die ganze Schrift zu überarbeiten, oder sie abgesondert, in Form eines Nachtrags oder einer Ergänzung, zu bringen. In meinem und im verehrlichen Leser Interesse glaubte ich den letztern Weg wählen zu müssen. Ich erspare mir eine Ueberarbeitung des ganzen Buches, in welchem es wenig oder gar nichts zu berichtigen giebt, und die Leser sparen sich den Wiederkauf dessen, was sie schon besitzen. — Schenkt mir Gott Leben und Gesundheit, so werde ich nach abermals vier Jahren oder im nächsten Schaltjahre wieder und im darauf folgenden abermals mit einem Nachtrag kommen, um die Lücken des Stückwerks immer mehr auszufüllen und so die Bienenkunde und Bienenpflege der Vollkommenheit immer näher zu bringen, da diese selbst zu erreichen den Sterblichen nun einmal nicht vergönnt ist.

)(

Den Preis des gegenwärtigen Nachtrags wird der freundliche
Leser nicht zu hoch finden, wenn er bedenkt, daß er hiermit ohne
Rückhalt das Resultat mannigfacher kostspieliger Versuche erhält.
So manche Bienenwohnung ist früher als weniger gelungen bei Seite
gesetzt worden, bis es gelang die im Folgenden umständlich beschrie=
benen ebenso zweckmäßigen als wohlfeilen herzustellen. Wenn der Le=
ser dafür den tausendsten Theil der Kosten zahlt, die er, hätte er selbst
diese Versuche gemacht, nebst dem Verlust der unwiederbringlichen Zeit,
gehabt haben würde, dürfte er über Schaden nicht zu klagen haben.
Getäuscht dürfte nicht leicht Jemand werden. Meine Methode ist
schon durch die weit verbreitete Eichstädter Bienenzeitung ziemlich all=
gemein bekannt. Man wird daher wissen, was man in dem Nach=
trage ungefähr zu erwarten hat. Die wenigen Gegner der Methode
werden ihn nicht kaufen, die Freunde und Befolger derselben aber
würden einen zehnfachen Kaufpreis für die ihnen gebotenen Verbes=
serungen der Bienenwohnungen sich gewiß nicht reuen lassen. Nicht
irgend eine Spekulation ließ mich die Feder ergreifen, sondern die
vielen Gesuche um Mittheilung der neuesten Erfahrungen, die Liebe
zur Sache und die Pflicht zu wirken, so lange es Tag ist, ehe die
Nacht kommt, da Niemand mehr wirken kann.

Der Verfasser.

Nachtrag zum theoretischen Theile.

Im Begriffe, den vielen Bienenfreunden, welche meine vor vier Jahren herausgegebene „Theorie und Praxis" so ungewöhnlich günstig aufgenommen haben, die Ergebnisse der Erfahrungen und Versuche der letzten Zeit zu bieten, folge ich der in der erwähnten Schrift gewählten Eintheilung, weil mir diese bei einer Anleitung zur Kenntniß und dann zur Behandlung der Bienen die natürlichste zu sein scheint.

Zum theoretischen Theile habe ich eigentlich wenig oder nichts nachzutragen und noch weniger etwas darin zu berichtigen. Alle seitdem sowohl absichtlich angestellten Versuche als zufällig gemachten Erfahrungen haben immermehr bestätigt, was ich in meiner Bienenschrift behauptet und als ausgemacht hingestellt habe. Die meisten der von mir behaupteten Sätze sind zwar auch von andern Bienenpflegern erkannt und in ihren Schriften aufgestellt worden. In den meisten dieser Schriften finden sich aber neben vielen richtigen auch manche falsche Behauptungen. Selbst der tüchtige Praktiker Magerstädt spricht in seiner Schrift noch von männlichen Arbeitsbienen, von der Befruchtung der Königin durch Erschütterung des Eierstocks in der atmosphärischen Luft, von Erzeugung der Drohnen durch besondere Mütter, Drohnenmütter.

Was ich aufgestellt habe, ist aber nicht auf Grund der Erfahrungen Anderer von mir als ausgemachte Wahrheit hingestellt worden, sondern ist nur aus eigener wiederholter Erfahrung hervorgegangen. Fremde Beobachtungen waren nur Veranlassung, eigene anzustellen.

1

Das aus der Praxis und Erfahrung hervorgegangene mußte sich auch in der Praxis wieder bewähren, wie Zuschriften von allen Seiten mich versichern. Indem ich dasjenige, was über jeden Zweifel erhaben ist, übergehe, will ich nur die noch nicht ganz ins Klare gestellten Punkte näher beleuchten.

Königin.

Was zunächst die Entstehung der Königin betrifft, so war man bisher der Meinung, daß nur eine höchstens vier Tage alte Bienenlarve fähig sei, zur vollkommenen Mutter erzogen zu werden. Nach meinen Beobachtungen scheint aber jede Bienenlarve fast bis zu der Zeit ihrer Bedeckung zur Erziehung einer Königin tauglich zu sein. Ich habe bemerkt, daß Bienenlarven, wenn sie auch bereits die Zelle beinahe erfüllten, wenn nur die Zelle, ehe sie geschlossen wurde, etwas erweitert und überbaut, die Larve auch mit dem entsprechenden Futter versehen wurde, dennoch zu vollkommenen Königinnen sich ausbildeten. Daß die zu Königinnen zu erziehenden Larven nicht nur reichlicher mit Nahrung versehen werden, sondern diese auch anders beschaffen sei, ist gewiß. Das Futter der Drohnenbrut ist von dem der Arbeitsbienenbrut ebenfalls verschieden. Wird aus Irrthum oder aus Mangel an anderer Brut in einer Weiserzelle eine Drohnenmade erzogen, so stirbt sie stets ab. Man findet die große Made, die auch eine ungewöhnliche Verlängerung der Weiserzelle veranlaßt, nach der Bedeckung stets verwest.

Viele Bienenzüchter sind der Meinung, daß die Bienen Eier, ja sogar Larven in andere Zellen übertrügen; und nach Kaden's Meinung sollen sie es bei Anlegung von Weiserzellen stets thun; das heißt, sie sollen etwa am Rande der Tafel eine Weiserzelle zuerst anlegen und dann das Ei oder die Made in dieselbe übertragen. Nach hundertfältiger Untersuchung habe ich immer das Gegentheil gefunden. Stets blieb das Ei oder die Larve in seiner Zelle und diese wurde erweitert, verlängert und zu einer Weisezelle umge=

formt. Untersucht man einen Stock, dem man Tags vorher die Königin genommen hat, so wird man viele in Angriff genommene Weiserzellen finden, die einen mit Brut, die anderen leer. Letztere bleiben auch leer, so viel Eier auch immer in der Nähe befindlich sein mögen. Die Bienen erwählen allerdings vorzugsweise die am Rande oder an der Kante der Tafel befindlichen vielleicht noch nicht ganz vollendeten Bienenbrutzellen, geben ihnen eine Richtung nach der Seite hin, wo sie den meisten Spielraum haben und führen die Weiserzelle so auf, daß es scheint, als sei sie gleich ursprünglich mitten an der Kante angelegt worden. Unausgesetzte Beobachtungen haben dargethan, daß es eine Täuschung ist; daß die Bienen niemals ein Ei, viel weniger eine Larve übertragen, wie denn Jedem bekannt ist, daß eine beim Beschneiden etwa aus der Zelle gefallene wenn auch unverletzte Made nicht etwa in eine leere Zelle getragen, sondern sofort ergriffen und zum Stocke hinausgeworfen wird.

Die jungen Königinnen entwickeln sich, wahrscheinlich in Folge der fleißigeren Bebrütung ihrer Zellen, früher als gewöhnliche Arbeitsbienen. In einem Ableger oder abgetriebenen Mutterstocke habe ich oft schon am elften Tage sie ausgeschlüpft gefunden, gewöhnlich kommen sie am zwölften und dreizehnten Tage hervor und haben am vierzehnten schon eine solche Stärke erreicht, daß dann der Dütschwarm in der Regel erscheint.

Die etwa überflüssigen jungen Königinnen tödten sich theils gegenseitig, wenn sie sich begegnen und erfassen, wobei sie dann ihren Stachel sehr geschickt zu gebrauchen wissen; theils legen sich die Bienen ins Mittel, stechen oder beißen die überflüssigen jungen Königinnen ab oder treiben sie aus dem Stocke. Man findet sie oft von einem Häufchen Bienen eingeschlossen, von denen ein Theil sie mit ihrem Leibe zu bedecken der andere abzustechen sucht.

Wenn es sich um Beseitigung einer überflüssigen Königin handelt, namentlich, wenn beide fruchtbar sind, wenn z. B. ein

Hungerschwarm sich auf einen Stock geschlagen hat, bemächtigt sich des ganzen Bienenschwarms eine ungewöhnliche, Tage lang anhaltende Aufregung und Hitze, welche durch den Angstruf der einen oder beiden angefallenen in einen Bienenknaul eingeschlossenen Königinnen hervorgerufen wird, und nicht selten werden in dieser Hitze, in welcher eine Verständigung über die Wahl unmöglich ist, alle Königinnen umgebracht oder wenigstens selbst die übrig bleibende verletzt.

Auch die Regel, daß im Stocke nur eine Königin geduldet wird, hat ihre Ausnahmen. In wenigstens sechs Fällen habe ich zu ungewöhnlicher Zeit, im Herbste und zeitigem Frühjahr, zwei alte Königinnen gefunden, von denen die eine gewöhnlich schon sehr alt und schwach war und meist ganz abgenützte oder abgebissene Flügel hatte. Es scheint, daß die Bienen, wenn sie einer jungen Königin nachziehen, da die alte noch lebt, diese aus alter Anhänglichkeit am Leben lassen und die junge, ihre Unschädlichkeit fühlend, mag sich allmählig auch mit ihr vertragen lernen, obschon die meist abgebissenen Flügel wahrscheinlich Folge der häufigen Angriffe sind, die sie auf ihr Leben machte.

Eine junge Königin hält nicht eher ihren Befruchtungsausflug, als bis sie Alleinherrscherin ist und unternimmt ihn dann oft bald darauf, oft auch erst nach zehn und mehreren Tagen. In einem leeren Stocke, also z. B. in einem Nachschwarm, wird sie meist eher fruchtbar, als in einem ausgebauten, etwa im Mutterstock oder Ableger; wahrscheinlich aus dem Grunde, weil im erstern Falle beim Vorspiel eine allgemeine Bewegung unter dem ganzen Bienenhaufen entsteht, welche auch die Königin eher mit auszufliegen veranlaßt. Daß die Befruchtung in der Luft und für das ganze Leben erfolgt, ist ausgemacht. Ich halte es für überflüssig, die Beweise dafür, welche mir, ohne daß ich sie suchte, seit der Herausgabe meiner Schrift aufgestoßen sind, hier anzuführen, will dagegen diejenigen, die Herr von Baldenstein (auf Baldenstein in der Schweiz) in der Eichstädter Bienenzeitung veröffentlicht hat, nicht unerwähnt lassen. Derselbe hat sich aus Italien Bienen bringen laſſen, die ſich von den einheimiſchen merklich unterſcheiden. Die Mutter, welche der Stock beſaß, auch eine zweite, welche glücklicher Weiſe von einer Drohne deſſelben Stockes befruchtet worden war, erzeugte echt italieniſche Bienen, wogegen alle andern jungen Mütter, ſowohl im Mutterſtock als auch in den Nachſchwärmen Baſtarde hervorbrachten, weil ſie mit einheimiſchen Drohnen, deren Zahl überwiegend war, ſich begattet hatten, obſchon die Nachſchwärme ziemlich entfernt von andern Stöcken waren aufgeſtellt worden. Es beweiſt dieſe Beobachtung nicht nur, daß die Befruchtung außerhalb des Stockes in der Luft, ſondern auch, daß ſie auch häufig in großer Entfernung vom Stocke erfolgt; kein Wunder daher, daß ſo viele junge Königinnen, wenn ſie beſonders bei etwas ſtürmiſchem, wenn auch ſonſt heiterem Wetter ausfliegen, verloren gehen, indem ſie, weil ſie ſich gewöhnlich bald hoch in die Luft erheben, weit hin vom Winde verſchlagen werden, ſo daß ſie entweder nicht wieder finden oder aus Ermattung ihren Stock nicht erreichen.

Die oben angeführten Beobachtungen bewieſen aber auch, daß die Befruchtung einmal für das ganze Leben erfolgt. Wäre die Begattung öfter, auch nur alle Jahre nöthig, ſo würden zwei italieniſche Mütter nicht durch ihr ganzes Leben immer dieſelbe echt italieniſche Art fortgepflanzt haben. Es läßt ſich dies aber auch dadurch beweiſen, daß eine einmal befruchtete Mutter fruchtbar bleibt, wenn man ihr auch die Flügel beſchneidet. Sie fliegt nach der Befruchtung nicht mehr aus, außer mit dem ganzen Schwarme. Wer anderer Meinung iſt, und an Reinigungsausflüge der Königin glaubt, kann ſich von ſeinem Irrthum überzeugen, wenn er im Frühjahr, nachdem die Bienen allgemein ſich gereinigt haben, die Königin eines Stockes ausfängt und fliegen läßt; ſie wird ihren Stock niemals finden, während eine junge, die ihre Befruchtungsausflüge eben gehalten hat, bei dieſer Probe wie ein Blitz auf ihren Stock zu fährt. Wenn nach einem ſtarken Vorſpiel im Frühjahr in einem Stocke eine todte Königin gefunden wurde, ohne daß der Stock sich weiferlos zeigte; so hat entweder ein gänzliches Herausschwärmen eines andern Stockes stattgefunden oder es hat eine nachgezogene junge Königin ihren Befruchtungsausflug gehalten, oder es waren zwei Königinnen in dem Stocke, von denen die eine jetzt zufällig abstarb oder abgestochen wurde. Unmöglich wäre es indessen nicht, daß die Bienen mit einer Haft, um sich so schnell als möglich zu reinigen, herausströmten, daß die Königin im Strome mit fortgerissen würde oder ans Ausziehen denkend, ebenfalls mit herauskäme. Wenn aber die Befruchtung in der Luft, im Fluge geschieht, so muß jede von der Zelle aus flügellahme, oder vor dem Ausfluge flügellahm gemachte unfruchtbar bleiben; und es bestätigt dies auch die Erfahrung. Solche Königinnen setzen entweder gar keine oder nur Drohnenbrut an; eben so auch diejenigen, welche der Jahreszeit wegen nicht ausfliegen konnten, oder, wenn sie auch wiederholt ausflogen, niemals einer Drohne begegneten.

Secirt man eine junge befruchtete Königin, so erscheint ihr Saamenhalter, (receptaculum seminis) fast kreibeweiß, während es bei der unbefruchteten farblos und fast nicht zu bemerken ist; mit der Zeit wird es immer dunkler. Jetzt erst bildet sich auch der Eierstock aus, zu welchem bisher nur die Anlage vorhanden war. Daher ist der Leib der unbefruchteten Königin fast nur so kurz, als der einer gewöhnlichen Arbeitsbiene. Zwei Tage nach der Begattung aber schwillt er bedeutend an und hieraus kann man entnehmen, daß sie bereits Eier zu legen begonnen hat.

Arbeitsbienen.

Daß die Arbeitsbienen, weil im Ei und als Maden fähig, zur Königin ausgebildet zu werden, unausgebildete Weibchen sind, bedarf kaum noch einer Erwähnung. Es widerspricht dem auch kein auch nur einigermaaßen erfahrener Bienenzüchter mehr. Daß unter vielen Tausenden eine und die andere Biene, wenn gleich in der kleinen Zelle erzogen, doch insoweit eine etwas vollkomme-

nere Ausbildung erhalten hat, daß sie unter Umständen Eier zu
legen vermag, ist natürlich und von vornherein sogar zu erwarten,
namentlich, wenn junge Königinnen erzogen werden. Es scheinen
bisweilen in diesem Falle die Bienen eine Larve bereits zur Erziehung einer Königin auserwählt zu haben; sie erweiterten bereits
etwas die Zelle, versehen die Made reichlicher mit Futter, geben
dann aber ihre Absicht auf, weil inzwischen an andern Orten andere bequemer gelegene Brutzellen von andern Bienen waren
ausersehen worden. Nach dem Verschluß der Weiserzellen können
die Bienen, welche den Futterbrei für sie in so reichlicher Menge
zu bereiten sich beeilen, den Rest auch der in der Nähe befindlichen Brut in gewöhnlichen Zellen reichen. So kann leicht eine
Biene erzogen werden, welche, weil sie der Gestalt und der Stimme
der Königin entbehrt, neben der Königin geduldet wird, im äußersten Falle aber doch durch eine Pflege, wie sie sonst nur die Königin genießt, zum Eierlegen veranlaßt werden kann.

Ueber die Lebensdauer der Arbeitsbienen wird noch immer
viel gestritten, aber ohne alle Rücksicht auf Umstände. Die gewöhnliche natürliche Todesart der Bienen ist, daß sie sich die Flügel so abnutzen, daß sie den Körper, besonders wenn er mit Honig
beschwert ist, nicht mehr tragen können. Sie bleiben ermattet,
besonders bei windigem Wetter, auf der Weide liegen und kommen um. Wenn nun leben nicht nur vegetiren, sondern thätig
sein heißt, so dürfte eine Biene schwerlich viel mehr als etwa drei
Monate außerhalb ihres Stockes thätig sein oder eintragen können,
die Zeit und die Tage nicht mitgerechnet, da sie ruht, die Brut
besorgt und nur vegetirt, wie im Spätherbst und Winter. Hier
stirbt keine Biene mitten im Haufen etwa aus Altersschwäche, sondern nur die äußersten, die sich zufällig vom Klumpen trennen und
erstarren. Zwar ist die Abnutzung der Flügel nach Verschiedenheit
der Weide sehr verschieden; stärker, wenn sie zwischen dem Ge-
treide und auf Blumen mit scharfen Blättern, tiefen Kelchen ihre
Nahrung sammeln; aber ich bin der Ueberzeugung, daß in Ge-

genben, beren Witterung ben Bienen eine unausgeſetzte Thätigkeit geſtattet, alle brei Monate bie Generation eine anbere ſein wirb, währenb in Gegenben, ba bie Bienen ein halbes Jahr ruhen müſſen, ſie ihr Leben auf neun Monate unb wohl auch ein Jahr unb barüber bringen können, namentlich in weiſerloſen Stöcken, ba ſie auch bei günſtiger Witterung feiern.

Drohnen, ihre Erzeugung.

Das männliche Geſchlecht ber Drohnen, ihre Beſtimmung, bie jungen Königinnen zu befruchten, iſt ſo klar bargethan, baß nur von Unerfahrenen unb in Vorurtheilen Befangenen bagegen Wiberſpruch erhoben wirb. Mehr bagegen wirb über bie Erzeugung ber Drohnen geſtritten. Obſchon jeber Vorurtheilsfreie über= zeugt ſein wirb, baß es bei ben Bienen ſich ebenſo verhalten werbe, wie bei allen anbern Thiergattungen, baß Männchen unb Weib= chen von berſelben Mutter ſtammen, obſchon bie einfachſten Ver= ſuche es außer allen Zweifel ſtellen, baß bie Königin regelmäßig alle Eier zu ben Arbeitsbienen wie auch zu ben Drohnen legt, giebt es boch ſelbſt unter ſonſt erfahrenen Bienenzüchtern ſolche, welche hartnäckig bie Anſicht feſthalten unb zu vertheibigen ſuchen, baß bie Drohneneier von Arbeitsbienen gelegt würben, unb ihr ganzer Beweis gründet ſich auf bie Erfahrung, bie kein Anfänger in ber Bienenzucht läugnen wirb, baß in offenbar weiſerloſen Stöcken bisweilen Drohneneier gelegt werben. Aber jebem nur einigermaaßen ſorgfältigen Beobachter kann ber große Unterſchieb nicht entgehen, ber zwiſchen bem Eierlegen in einem ſolchen Falle unb im normalen Zuſtanbe, beim Vorhanbenſein einer Königin, obwaltet. Hier werben bie Drohneneier ganz regelmäßig auf ben Boben ber Zelle, bort bagegen ohne alle Orbnung, oft ganze Häuf= chen in eine Zelle unb zwar auch in Arbeitsbienenzellen, wenn es an Drohnenzellen mangelt, abgeſetzt. Hier bei zunehmenber Vol= kesſtärke, ſteigenber Wärme, im Vorgefühl bes Schwärmens, bort bagegen bei nur noch ſchwachem Volke unb nahenber Auflöſung selbst in den Herbst hinein. Nur der Kurzsichtigste kann den großen Unterschied in beiden Fällen verkennen und er dürfte auf die Frage, warum denn auch zur besten Zeit das Legen aller Eier sofort ein Ende nimmt, wenn man die Königin ausfängt oder auch nur einsperrt, die Antwort schuldig bleiben. Wird die Königin ausgefangen, eingesperrt oder geht sie selbst mit dem Vorschwarm ab, so hört alles Brutansetzen sofort auf, und nach Verlauf von drei bis vier Wochen wird man alle Brutzellen, die Drohnenzellen nicht ausgenommen, leer finden. Wer hier die Wahrheit, daß die Königin in der Regel alle Eier legt, nicht sehen will, verschließt vor ihr absichtlich die Augen, um nur sein liebgewonnenes Vorurtheil nicht aufgeben zu müssen.

Wenn nach längerer Zeit der Weiserlosigkeit in einzelnen Fällen bei nahender Auflösung eierlegende Bienen sich finden, so ist das für den Normalstand gar nichts beweisend. Sammeln sich doch die Bienen selbst um eine todte Königin und liebkosen sie; sollten sie bei gänzlicher Hoffnungslosigkeit nicht auch einer Biene, bei welcher sie vermöge ihrer so feinen Sinne etwas von der Ausbildung der Königin gewahren, ihre Vorliebe zuwenden, sie liebkosen, wie eine Königin pflegen und sie von ihrer geringen Anlage, Eier zu legen, Gebrauch zu machen, gleichsam nöthigen. Daß in einem solchen Falle die Bienen eine solche Aftermutter für ihre Königin betrachten, geht daraus hervor, daß sie bei einiger Stärke dann auch noch ziemlich fliegen und eintragen, so daß ohne innere Untersuchung auch der Erfahrene über den Zustand eines solchen Stockes in Täuschung erhalten werden kann. Solche an eine Aftermutter schon zu sehr gewöhnte Stöcke nehmen bekanntlich auch eine zugesetzte gute Königin nicht mehr an, was evident beweist, daß eine Königin und eine solche Drohnenmutter neben einander nicht bestehen können. Denn daß es eben nur eine solche Mutter ist und von mehreren zugleich nicht die Rede sein kann, läßt sich leicht erweisen. Stellt man an die Stelle eines solchen Stockes eine leere Wohnung mit Wachsbau, so wird man in demsel-

ben keine Spur von Eiern finden, weil die Drohnenmutter in dem
alten Stocke zurück geblieben ist, da sie eben so wenig ausfliegt
als eine wirkliche Königin. Es wäre in der That auch noch ein
größerer Widersinn, die Erzeugung der Drohnen mehreren oder gar
vielen Müttern zuzuschreiben, da die viel zahlreichere Bienenbrut
nach dem Zugeständnisse Aller nur von der einen Königin herrührt.

Was nun die Entstehung der als Abnormität vorkommenden
Drohnenmütter oder Aftermütter betrifft, so erklären sie Christ,
Jonke und A. auf die Art, daß von den Bienen eine bereits zu
alte Larve zur Königin erwählt würde, die sich nicht mehr zur
vollkommenen Königin entwickeln könne und dann nur Drohnen=
eier lege. Die Unhaltbarkeit dieser Ansicht läßt sich leicht erweisen.
Nirgends kommen solche Aftermütter häufiger vor als bei Nach=
schwärmen und Mutterstöcken, denen die Königin verloren ging.
Daß aber bei einem Nachschwarme, der eine leere Wohnung be=
zog, vom Nachziehen einer Königin aus zu alter Brut, da doch
gar keine vorhanden ist, nicht die Rede sein kann, versteht sich von
selbst und im Mutterstocke giebt es zu der Zeit, da die junge Kö=
nigin ausfliegt, gewöhnlich nicht einmal mehr bedeckte Brut, ge=
schweige denn zu alte Larven, um eine Aftermutter daraus nach=
zuziehen. Hieraus geht klar hervor, daß diese Mütter von den
Bienen nicht absichtlich erst jetzt erzogen sind, sondern zufällig
schon vorhanden waren und mit der verloren gegangenen jungen
Mutter wahrscheinlich zu gleicher Zeit sind erbrütet worden, wie
schon oben bemerkt wurde.

Sind die Drohnenmütter befruchtet.

Wenn das bisher Gesagte sich als Wahrheit streng erweisen
läßt, beginnt bei Beantwortung der Frage, ob bei den nur Droh=
neneier legenden Müttern eine Befruchtung anzunehmen sei, das
Gebiet der Vermuthungen und Hypothesen.

Obschon von der Grundlosigkeit der Ansicht derjenigen, welche
von der Fruchtbarkeit junger Königinnen, auch wenn es keine

Drohnen giebt, reden, überzeugt, bin ich doch der Ansicht, daß die=
jenigen Mütter, die nur Drohneneier legen, dies ohne alle Be=
fruchtung thun, und eben deßhalb nur Drohneneier legen, weil sie
nicht befruchtet sind; gleichviel ob sie der Gestalt nach Königinnen
oder Arbeitsbienen sind. Eine junge Königin unterscheidet sich,
was Zeugungsfähigkeit betrifft, von einer Arbeitsbiene nur dadurch,
daß sie, weil im Besitz eines Saamenhälters, befruchtungsfähig ist.
Kann daher ihr Saamenhälter nicht gefüllt werden, es sei wegen
Mangel an Drohnen oder wegen ihrer Unfähigkeit zum Fluge,
so steht sie mit einer Arbeitsbiene auf einer Stufe. Die eine wie
die andere ist zur Fortpflanzung ihres Geschlechts unfähig. Denn
gar kein Saamenhalter und ein ungefüllter kommt auf dasselbe
hinaus. Gänzliche Unfruchtbarkeit sollte in diesem Falle stattfin=
den; der Eierstock, der sich im Normalzustande erst nach erfolgter
Begattung weiter ausbildet und in Thätigkeit kommt, sollte sich
gar nicht regen; dessen ungeachtet muß bei einzelnen Individuen
ein solcher Drang zum Eierlegen, welchem äußere Pflege noch
Vorschub leistet, angenommen werden, daß sie auch ohne Begat=
tung und bei gänzlicher Unfähigkeit dazu, dennoch Eier absetzen.
Viele geben das zu, meinen aber, daß sich aus solchen Eiern nichts
entwickeln könne, und, wenn es geschähe, so könnten dies keine
wirklichen begattungsfähigen Männchen oder Drohnen sein. Dieser
Meinung aber widerspricht doch die Erfahrung; wenn Drohnen=
eier in einen weiserlosen Stock gelegt werden, wird man auch da
und dort Larven sich entwickeln sehen und wenn aus der Zelle her=
vorgehende Wesen äußerlich ganz den Drohnen gleichen, so muß
man sie doch auch für Männchen gelten lassen. Bei den höheren
Thierarten widerspräche dies allerdings einem allgemeinen Gesetze;
bei den Insekten und Würmern aber sind weit größere Ausnah=
men von diesem Gesetze schon erwiesen und werden vielleicht noch
aufgefunden werden, so daß ich bei dem Bienenweibchen die Fä=
higkeit, die Männchen auch ohne Begattung, vermöge der von der
Mutter ererbten Fruchtbarkeit, um so mehr anzunehmen geneigt

bin, weil dadurch zugleich ein anderes Räthsel gelöst, nämlich die Fähigkeit der Königin erklärt wird, willkührlich und nach Umständen Eier zu Drohnen und Arbeitsbienen zu legen. So leicht durch diese einzige Annahme, die durch das Drohneneierlegen flügellahmer Königinnen fast zur Gewißheit erhoben wird, alle räthselhaften Erscheinungen erklärt werden, so schwer wird es, sich aus dem Labyrinthe herauszufinden, wenn man auch bei den Drohnenmüttern eine Begattung voraussetzt. Denn es läßt sich dann fragen: Warum vermögen die oft erwähnten Aftermütter, wenn sie bis zur Begattungsfähigkeit organisirt wären, stets nur das eine Geschlecht, nur die Drohnen, fortzupflanzen?

Wenn sollte denn ferner jene Biene befruchtet worden sein? In ihrer Jugend, wie die Königinnen? Aber der Verlust der Königin konnte doch damals von ihr nicht vorausgesehen werden; sie konnte nicht wissen, daß sie einst die Stelle der Königin würde vertreten müssen. Der Annahme aber, daß sie erst, nachdem ihr die Bienen gehuldigt haben, befruchtet würde, widerspricht die Erfahrung, daß selbst die Königin nur binnen einer bestimmten Zeit begattungsfähig ist. So leicht es ist, über das Sachverhältniß ins Klare zu kommen, wenn im Stocke sich alles in gehöriger Ordnung befindet; sich zu überzeugen, daß dann alle Eier von der Königin gelegt werden, indem man sie theils bei anhaltender Beobachtung oft beim Legen der Drohneneier belauschen wird, was von mir wohl schon zwanzigmal geschehen ist, theils durch Ausfangen derselben sich die genaueste Ueberzeugung davon verschaffen kann, so schwer ist es auf der andern Seite den Schleier vollkommen zu lüften, der über den Erscheinungen ruht, die dann eintreten, wenn sich ein Stock nicht mehr in der rechten Verfassung befindet, namentlich, wenn die sonst geschlechtslosen Arbeitsbienen Eier zu legen beginnen. Der Grad der Ausbildung einer solchen Biene scheint auch ein verschiedener zu sein, da sie die Eier bald mehr bald weniger regelmäßig absetzt und von den Bienen bald mehr bald weniger der Königin gleich geachtet wird,

so daß in einem Falle eine zugesetzte Königin angenommen, in
einem andern aber sofort abgestochen wird.

Nur durch Versuche mit flügellahmen zur Begattung also
unfähigen Königinnen läßt sich in dieses Dunkel Licht verbreiten.
Durch solche Versuche habe ich mich überzeugt, daß, wenn beim
Vorhandensein einer solchen Königin Eier gelegt wurden, sie stets
auch von ihr selbst herrührten. Bei anatomischer Untersuchung
fand sich auch der Saamenhälter einer solchen Königin leer, nur war
er von einem weißen Häutchen umgeben, welches bei einer ganz
unfruchtbaren fehlt. Stellt es sich aber durch wiederholte Unter-
suchungen zweifellos heraus, daß solche junge Königinnen, pie nur
Drohneneier legen, gar nicht befruchtet sind, so muß dasselbe auch
folgerichtig bei den Drohneneier legenden Bienen angenommen
werden, weil sich sonst kein Grund auffinden läßt, warum sie, wären sie befruchtungsfähig und wirklich befruchtet, nicht beide Ge-
schlechter fortpflanzen, auch Bieneneier legen sollten, was doch
niemals der Fall ist.

Ueber das Material zum Wachs und zum Futterbrei für die Brut.

In diesem Theile wäre nur noch Einiges über Wachserzeu-
gung und den Futterbrei für die Brut nachzutragen, und zwar
über das Material zu beiden. Viele Bienenzüchter bleiben fest
bei der Ansicht, das Material zum Wachs sei Honig und zum
Futterbrei der Blumenstaub. Busch behauptet in einem in der
Eichstädter Bienenzeitung No. 5, 1851 erschienenen Artikel, der
Futterbrei bestehe fast nur aus Blumenmehl. Ich bin der Ansicht, sagt er, daß die Brut gar keinen Honig oder doch nur so
viel bekommt, daß auf die gesammte Brut eines Stockes jährlich
höchstens 3 — 4 Pfund kommt. Andere dagegen behaupten, daß
zur Ernährung der Brut viel, sehr viel Honig verbraucht werde,
wie Rambohr. In seiner kleinen aber gediegenen Schrift: „Die
einfachste und einträglichste Art der Bienenzucht" sagt er an ge-

wiſſer Stelle: Ich habe bisweilen die ſchwerſten Stöcke als Ueber=
ſtände ſtehen laſſen, welche nach einem ſchlechten Frühjahre zur
Schwarmzeit rein ausgezehrt hatten. Sie verwendeten den Honigvor=
rath zur Brut und gaben die erſten und ſtärkſten Schwärme. Daß
die Wahrheit auf Seite derjenigen ſich befindet, welche behaupten,
daß für die Brut viel Honig verwendet werde, wird jeder erfah=
rene praktiſche Bienenzüchter einräumen. Die Erfahrung wird
ihn belehrt haben, daß 3 — 4 Pfund Honig, alſo etwa ſo viel,
als ein Bienenſchwarm auf einmal in ſich aufzunehmen vermag
in der Zeit, da die Brut am zahlreichſten iſt, kaum hinreichen wird,
um dieſe eine Woche, geſchweige denn das ganze Jahr hindurch
zu ernähren. Honig im verdünnten Zuſtande iſt der nothwendigſte
unentbehrlichſte Beſtandtheil des Futterbreies für die Brut. Wenn
die Bienen auch den größten Vorrath an Blumenmehl beſitzen,
aber an Honig Mangel haben, wird nicht nur keine Brut mehr
angeſetzt, ſondern auch die vorhandenen ausgeſogen und heraus=
geriſſen. Hat dagegen ein Stock im zeitigen Frühjahr auch nicht
eine Zelle Blumenmehl, man füttert ihn aber reichlich mit ver=
dünntem Honig oder er hat ſelbſt Vorrath und Gelegenheit Waſ=
ſer einzutragen, ſo wird er Brut anſetzen, welche nicht abſterben,
ſondern ſich vollkommen entwickeln wird. Iſt Blumenmehl vor=
handen, ſo wird es jetzt allerdings mit der größten Begierde aus=
gezehrt oder es wird friſches mit der größten Emſigkeit einge=
tragen; aber ganz unentbehrlich iſt es für einige Zeit nicht, wenn
gleich das Wohlbefinden der Bienen dabei leidet. In dem Kör=
per der Bienen muß eine Subſtanz angenommen werden, welche
den Mangel des Blumenmehls für einige Zeit erſetzen kann. Es
ſcheint daſſelbe eben ſo ſehr zur Stärkung der Verdauungswerk=
zeuge der brütenden Bienen zu dienen als Nahrungstheile für die
Brut ſelbſt zu enthalten; es ſcheint im Leibe der Bienen theil=
weiſe auch nur mechaniſch, ſtopfend, anregend, der Ruhr vorbeu=
gend zu wirken, daher man beobachtet hat, daß die Bienen beim
Mangel an Blumenmehl, namentlich, wenn ſie durch öfteres Füt=

tern zum Anfetzen vieler Brut im Frühjahr veranlaßt worden find, nicht nur Mehl von den Mühlen, fondern auch Kohlenftaub, auch feines Pulver von verfaultem von Würmern zerfreffenem Holz an ihren Füßen eingetragen haben, nach meiner Ueberzeugung nur, um es im Nothfalle ftatt Blumenmehl zu verzehren, wie z. B. die Hühner auch kleine Steinchen theils aus Mangel an anderer Nahrung, theils befferer Verdauung wegen, verfchlucken. Der größte Theil des verzehrten Mehles fcheint in dem Leibe der die Brut fütternden Bienen zurück zu bleiben, daher diefe öftere Reinigungsausflüge, Vorfpiele machen müffen.

Der. Futterbrei ift keineswegs ein bloßes Gemifch von Blumenmehl und Waffer, etwa wie ein Mehlpappe. So verfchieden die Farbe des Blumenmehls fein mag, fo ift die des Futterbreies bekanntlich immer diefelbe, der Farbe der Milch ähnlich; diefes beweift fchon, daß derfelbe ein organifches Produkt der Biene, ähnlich wie die Milch ein Produkt des Körpers der fäugenden Thiere ift. Drückt man den Leib einer jener Bienen, welche die Brut belagern und pflegen, fo wird man ftets einen großen Tropfen Honig aus ihrem Rüffel hervortreten fehen und fich überzeugen können, daß Honig den Hauptbeftandtheil zur Bereitung des Futterbreies bildet. Es ift merkwürdig, daß eine fo gedrückte Biene niemals einen Tropfen des Futterbreies felbft hervortreten läßt, wahrfcheinlich kann fie diefen nur allmählig durch eine Art Wiederkauen von fich geben.

Wenn aber die Bienen die reichlich genoffene Nahrung nicht als Futterbrei von fich geben, wird fie von ihnen bei der jetzt im Stocke unterhaltenen höheren Temperatur weiter verdaut und zu Wachs verarbeitet. Futterbrei und Wachs werden aus denfelben Stoffen, Honig, Waffer und Blumenmehl, bereitet, und es hängt vom Zufalle ab, ob das eine oder das andere daraus wird. Vor Allem wird allerdings die Brut verforgt. Treibt man einem ftarken Stocke unverfehens einen Theil der Bienen ab, fo werden die übrigen fich auf die Bruttafeln ziehen und die genoffene Nahrung zu deren Ernährung verwenden, während sie sonst, vielleicht in Ketten hängend, dieselbe Nahrung zu Wachs verarbeitet haben würden.

Würde Wachs und Futterbrei jedes aus besondern Stoffen, das eine etwa nur aus Honig, das andere nur aus Blumenmehl bereitet, so müßten sich die Bienen in zwei Abtheilungen sondern, von denen die eine sich mit der Produktion des einen, die andere mit der Erzeugung des andern befaßte, was keineswegs der Fall ist. Die Biene ist ein Geschöpf des Augenblickes; sie verrichtet jede Arbeit, die sie auf der Stelle, an der sie sich zufällig befindet, für nothwendig erachtet. Wachsprodukte und Brutansatz halten miteinander gleichen Schritt, erfordern dieselbe höhere Temperatur oder Brutwärme. So wie im Frühjahre der Brutansatz beginnt, wird auch schon Wachs erzeugt und man kann schon im März frische Wachsblättchen, die zufällig herunterfallen, zu sehen bekommen; und umgekehrt, sowie die Witterung und Temperatur die Wachsproduktion möglich macht, wird gewiß auch Brut angesetzt, wofern die übrigen Bedingungen, namentlich eine fruchtbare Mutter im Stocke vorhanden sind.

So wie es aber vom Zufalle abhängt, ob eine Biene die genossene Nahrung zum Futterbrei oder Wachs verarbeitet, so scheint auch das Verhältniß des verzehrten Honigs und Blumenmehls ein zufälliges von Umständen abhängiges zu sein. Wovon zufällig mehr vorhanden ist, davon scheinen sie auch mehr zu genießen. Von der Heidelbeere tragen die Bienen fast nur Honig, von der Rapsblüthe dagegen außerordentlich stark Blumenmehl; so verschieden aber beide Nahrungsquellen sind, so fördern sie doch Brutansatz und Wachsbau auf gleiche Weise und nach etwa einer Woche ungünstiger Witterung werden die Bienen hier das viele Mehl und den wenigen Honig, dort den vielen frischen Honig zu gleichen Zwecken, zum Wachsbau, wenn er nöthig war und zur Nahrung für die Brut verwendet haben. Wenn Bienen bei bloßem Honig Wachstafeln bauten, so beweist das gegen die ausgesprochene Ansicht eben so wenig, als, wenn sie bei bloßem Honig Brut ansetzten; es kann dies wohl für einige Zeit, nicht aber nachhaltig geschehen. Fütterung mit Zucker und andern Süßig= keiten ist gar nicht beweisend. Diese Stoffe, so wie auch der frische, noch ungeläuterte Honig, scheinen die Verdauungswerkzeuge der Bienen an sich schon mehr anzuregen und der Beimengung von Blumenmehl weniger zu bedürfen als der schon geläuterte Honig, daher die Bienen namentlich im Frühjahre, da sie keinen frischen Honig eintragen sondern die Brut aus den vorjährigen Vorräthen versorgen, eine so große Begierde nach Blumenmehl zeigen, daß sie jeden Sonnenblick zum Eintragen benützen, ja sogar zu Ersatzmittel, als Kornmehl, ihre Zuflucht nehmen.

Was nun diesen letzten Gegenstand, ein Ersatzmittel des Blu= menmehls betrifft, so habe ich, wie ich in meinem Buche verspro= chen habe, Versuche darüber angestellt. Die Bienen haben nun zwar von dem in die Zellen gestopften Mehle gezehrt, die Zellen aber nicht rein ausgezehrt, weil das Mehl auch viele für sie un= genießbare Theile enthalten mochte. Es ist daher besser ihnen feines Mehl, wie es scheint, am besten Weizenmehl, dünn auf ein Brett gestreut, im Freien in einiger Entfernung vom Stocke hin= zustellen. Bei großem Mangel an Blumenmehl werden sie davon Höschen bilden und eintragen, des mühsamen Suchens in wei= ter Entfernung überhoben sein und nicht in so großer Menge ver= loren gehen, als dies im Frühjahr häufig der Fall ist. Um aber den Bienen selbst den kurzen Ausflug zu ersparen, so wäre es sehr erwünscht, wenn man das Mehl so zu reinigen und zu präpariren ver= möchte, um es für die Bienen sofort genießbar zu machen. Die Sache ist wichtig genug, um die mannigfaltigsten Versuche dieserhalb anzustel= len. Es könnte vielleicht viel Futterhonig erspart werden. Wenn bekannt= lich Stärkemehl durch den Keimungsprozeß und auch auf chemische Wei= se in Schleimzucker verwandelt wird, warum sollten nicht die Bienen aus dem genossenen Mehle alle Nahrungstheile zu ziehen vermögen, welche darin liegen.

2

Nachtrag zum praktischen Theile.

Wichtiger und für den freundlichen Leser interessanter dürfte dasjenige sein, was ich als Nachtrag des praktischen Theiles meines Bienenbuches zu bringen im Begriffe stehe.

Beständiges Nachdenken und Versuchen hat mich auf manche Verbesserung, bequemere und einfachere Konstruktion der Bienenwohnungen gebracht. Dieselben den vielen für meine Methode sich interessirenden Bienenfreunden mitzutheilen, war besonders der Grund zur Herausgabe dieses Nachtrages.

Ueber die Verbesserungen an den Bienen-Wohnungen

will ich zuerst einige allgemeine Bemerkungen vorausschicken, ehe ich eine genauere Beschreibung derjenigen, die ich nach der einen oder der andern Seite hin für die vorzüglichsten halte, folgen lasse.

Eine wesentliche Veränderung, die ich, was das Innere betrifft, meinen Bienenwohnungen in letzter Zeit gegeben habe, besteht darin, daß ich jetzt nicht mehr Leisten als Träger der Stäbchen, an denen die Waben hängen, anbringe, sondern Rinnen, Fugen oder Einschnitte ¼ bis ⅓ Zoll tief und breit. Bei Lägern werden sie längs der Jahresringe eingehobelt, bei Ständern in der Querlage mit einer breitgreifenden Säge eingeschnitten; man erspart sich die Leisten und die zu ihrer Befestigung erforderlichen Nägel und vermehrt dabei die Bequemlichkeit der ganzen Behandlung. So schnell auch eine herauszunehmende Wachstafel von der Wand gelöst ist, wenn man besonders das Messer am Rauchfeuer erhitzt, so hält doch die Stelle an der Leiste etwas auf, weil hier dem Messer eine andere Richtung gegeben werden muß. Die

Stäbchen, wenn sie in Fugen eingeschoben werden, bekommen auch eine feste Lage, daß sie selbst beim Umstürzen des Stockes nicht nachgeben, auch beim Wegnehmen der darüber gelegten Brettchen niemals mit herausgerissen werden können. Bei etwanigem Herausschöpfen oder Herauskehren der Bienen wird man durch nichts gehindert und die zur beliebigen Verengung des Raumes vorzuschiebenden und zurückzuziehenden aufrecht stehenden Brettchen brauchen keine Einschnitte zu haben und passen sofort, wenn sie nur die Breite haben, die der Stock inwendig besitzt. Das Stroh, womit man den vordern unausgebauten Raum für den Winter etwa aussetzt, legt sich an die Seitenwände dicht an, während es an den Leisten absteht und Oeffnungen läßt, durch welche sich die Bienen hindurch drücken können. Um in jeder beliebigen Höhe Stäbchen einschieben zu können, sei es auch nur, um die Bienen an dem Weiterziehen einer begonnenen Drohnentafel zu hindern, kann man solcher Einschnitte oder Fugen viele Paare, etwa von 6 zu 6 Zoll, in einer 30 Zoll hohen Wohnung also 5 Paar, anbringen. Wo man die Fugen nicht braucht, da könnte man sie durch Einlegen einpassender Holzstäbchen oder durch Verschmieren mit Lehm sofort verschwinden lassen, eben so leicht aber wiederherstellen, was mit den Leisten Alles nicht geschehen kann.

Hätte man in eine Wohnung eine aus einer anderen entnommene an einem Stäbchen hängende Tafel einzuhängen, die neue Wohnung wäre aber zufällig etwas zu breit, so daß sich die Tafel in die Ritze nicht einschieben ließe, sondern herunter fiele, so kann man sich, wenn der Unterschied nicht groß ist, auf die Art helfen, daß man in die eine oder auch in beide Fugen Holzstäbchen einschiebt, welche noch $\frac{1}{4}$ Zoll vorstehen und also einen Absatz bilden, auf welche das zu kurze Stäbchen jetzt bequem aufgelegt werden kann. Solche Ungleichheiten in der Breite der Wohnungen müssen allerdings nach Möglichkeit vermieden werden, können aber doch leicht vorkommen. Wer Wohnungen mit Leisten beſitzt und ſich andere mit Fugen anſchaffen will, muß letztere einen halben Zoll ſchmäler machen laſſen, dann werden die Stäbchen aus den frühern in dieſe paſſen, weil ſie in jede Wand ¼ Zoll eingreifen. Die Tafeln werden allerdings etwas zu breit ſein, laſſen ſich aber durch Beſchneiden leicht paſſend machen. Bei der Prüfung, ob dergleichen Wohnungen genau gearbeitet ſind, kommt es weniger darauf an, ob auch die Seitenflächen ganz eben ſind, und gleich weit von einander abſtehen, als vielmehr darauf, daß ein Stäbchen von der einmal als Norm angenommenen Länge, etwa 9 Zoll, oder die Spanne einer Hand, ſich überall hinſchieben läßt, ohne auf ein Hinderniß zu ſtoßen noch auch herunter zu gleiten. Wird da, wo die Bohle zufällig eine Wölbung hätte, der Ritz etwas tiefer, wo aber eine Vertiefung iſt, etwas ſeichter eingeſchnitten, ſo wird Alles in Ordnung ſein.

Die Erfahrungen der letzten Jahre haben mich ferner Stänber weit bequemer finden laſſen als Läger. Während ich früher mehr die letztern verfertigen ließ, halte ich mich gegenwärtig mehr an jene. Der größere Honigreichthum der Läger läßt ſich auch bei den Ständern erreichen, wenn man die Brut bei Zeiten einſchränkt und dafür Raum zum Honigabſetzen oben gewährt, und außerdem bieten ſie Vortheile und Bequemlichkeiten, welche die Läger nicht beſitzen. So iſt eine gute Ueberwinterung in Ständern ſicherer als in Lägern, weil die Bienen nur hinaufzurücken brauchen, um bei ihren Vorräthen zu ſein. Das Ausfangen der Königin, Abtreiben der Schwärme iſt viel bequemer in den mehr hohen und nicht ſo tiefen Wohnungen. Da der Honig oben, die Brut mehr unten ſich befindet, ſo kann man nach Wunſch und Bedürfniß Honig- und Bruttafeln, da letztere wieder an beſondern tiefer eingeſchobenen Leiſten hängen, ſofort herausnehmen, indem man mit einem Häckchen, einem zurückgebogenen Nagel hinter das Stäbchen fährt und es hervorzieht.

In den ſtehenden Bienenwohnungen hat man unten zum Reinigen, zum Füttern der Bienen und andern Manipulationen den nöthigen Raum, da die Bienen theils selbst die Tafeln nicht bis herunter bauen, theils durch ein wagerecht eingeschobenes Brett daran gehindert werden können, theils auch die Tafeln leicht und ohne Schaden sich im Frühjahr beliebig zurück schneiden lassen. Zu seicht sollen indessen die Stänber nicht sein. Wenn die Breite 8 — 9 Zoll am angemessensten erscheint, kann die Tiefe das Doppelte, gegen 16 Zoll und die Höhe wiederum das Doppelte der Tiefe, also gegen 30 Zoll betragen.

In allen stehenden Stöcken, namentlich Klotzbeuten, gedeihen die Bienen viel besser und bringen mehr Ertrag, wenn jene nicht rund oder in Quadratform ausgearbeitet, sondern bedeutend tiefer als breit sind. Jungen Schwärmen, welche die Wohnung nicht ihrer ganzen Tiefe nach auszubauen im Stande waren, läßt sich der vordere leere Raum leicht abscheiden und ausfüllen, und wenn es auch nicht geschieht, sind die Bienen doch nur von dieser einen Seite der Einwirkung der Kälte ausgesetzt und erholen sich eher, als in einer eben so breiten als tiefen Wohnung. Weil auch die Wärme sich nicht der ganzen Tiefe nach gleichmäßig verbreitet, so beschränken sich die Bienen mit der Brut auf eine gewisse Zahl Tafeln und füllen die äußersten mit Honig, wogegen in den mehr runden oder eben so breiten als tiefen Wohnungen alle Räume, weil vom Mittelpunkte gleichweit entfernt, gleichmäßig erwärmt und mit Brut besetzt werden; namentlich in solchen Wohnungen sind die Bienen zum häufigen Ansetzen von Dohnenbrut geneigt, weil darin der häufigeren Brut wegen eine größere Hitze zu herrschen pflegt. Deßhalb und weil in der breiten Wohnung die Tafeln nicht so befestigt werden können, bricht auch in denselben bei großer Hitze der Bau eher zusammen, wodurch oft die besten Stöcke gänzlich ruinirt werden.

Ueber das Material

zu den Bienenwohnungen, ob Holz oder Stroh vorzuziehen sei, ist in Bienenschriften schon viel geschrieben und gestritten worden.

In derjenigen Wohnung werden die Bienen am besten gedeihen, welche ihnen den besten Schutz gewährt und in welcher sie sich stets am gemächlichsten befinden. Die Wohnung soll ihnen Schutz verschaffen gegen schädliche Thiere, dann aber auch vorzugsweise gegen die stechende und erschlaffende Hitze wie auch und insbesondern gegen die lähmende und erstarrende Kälte. Diesen Schutz in letztrer Beziehung wird eine Wohnung um so mehr gewähren, je mehr das Material, woraus sie besteht, die Wärme zusammen hält oder je weniger es die Wärme leitet. Metalle leiten bekanntlich die Wärme sehr stark. Erhitzt man die eine Seite einer Metallplatte, so wird auch die andere bald warm werden, während ein Brett auf der einen Seite schon brennen auf der andern dagegen noch gefroren sein kann, weil Holz schon ein viel schlechterer Leiter ist. Doch ist unter den verschiedenen Holzarten in dieser Beziehung wieder eine große Verschiedenheit. Im Allgemeinen kann man als Regel annehmen, daß eine Holzart desto weniger die Wärme leitet oder sie desto besser anhält, je leichter sie im ausgetrockneten Zustande ist, je weniger sie in einem bestimmten Raume Holzstoff enthält oder je poröser und schwammiger sie ist. Denn die Poren oder leeren Zwischenräume sind mit Luft ausgefüllt, und diese in bestimmte Räume eingeschlossen hält als Nichtleiter die Wärme am besten zusammen. Die Federn, welche dem Vogel gegen die grimmigste Kälte Schutz verschaffen, wärmen weniger vermöge ihres Stoffes als vermöge ihrer Struktur, durch welche sie eine bedeutende Luftschicht eingeschlossen festhalten. Werden sie naß, fallen zusammen und die in ihnen enthaltene Luft entweicht, so schützen sie, wenn gleich noch vollständig vorhanden, fast so wenig, als seien sie gar nicht vorhanden.

Die Wände einer Bienenwohnung werden die Wärme desto besser anhalten, je dicker sie sind, jemehr Luft darin enthalten ist und je vollkommener diese Luft darin eingeschlossen und von der äußeren beweglichen isolirt ist. Sind die Wände einer Bienenwohnung aus einem Material gefertigt, das die Wärme stark leitet, also nicht anhält, so hat dies den doppelten Nachtheil, daß die Bienen von der Kälte leiden, um sich zu erwärmen mehr zehren müssen, nicht so zeitig Brut ansetzen können u. s. w., dann aber auch, daß sich im Stocke an den Wänden Feuchtigkeit bildet, welche Moder, Schimmel, eine ungesunde Luft u. dgl. erzeugt. In der Luft befindet sich stets eine Menge Wasser in Form unsichtbaren Dampfes, der sich besonders bildet, wenn Wasser erwärmt wird, oder sich mit Wärme verbindet. Kommt aber eine wärmere Luftschicht mit einem kälteren Körper, einer kälteren Fläche in Berührung, wodurch dieser Luftschicht ein Theil der Wärme entzogen wird, so entsteht aus dem luftförmigen Dampf wieder Wasser; der kältere Körper, der der wärmeren Luft einen Theil der Wärme entzogen hat, lauft an, wie man zu sagen pflegt. So müssen auch die Wände einer Bienenwohnung anlaufen, wenn bei großer Verschiedenheit der Temperatur im Stocke und außerhalb die Wand sich schnell die Wärme entziehen läßt und sich bis auf die innere Fläche unter den im Stocke herrschenden Temperaturgrad abkühlt. Es bildet sich Feuchtigkeit, die bei anhaltender und steigender äußern Kälte zu Reif und Eis gefriert. Bei der zwei benachbarten Bienenwohnungen gemeinschaftlichen Wand kann dieses niemals der Fall sein. Weil in beiden Fächern, besonders wenn beide besetzt sind, ein gleicher Wärmegrad herrscht, den auch die Scheidewand angenommen hat, findet hier keine Entziehung von Wärme, keine Abkühlung, also auch kein Anlaufen statt. Aber selbst wenn das benachbarte Fach auch unbesetzt sein sollte, bildet die in demselben eingeschlossene Luftschicht eine wärmere Wand, als sie sich auf irgend eine andere Weise herstellen ließe. Man könnte überhaupt alle mit der äußern Luft in Berührung stehenden Wände der Bienenwohnungen nicht zweckmäßiger herstellen, als aus einer Doppelwand auch nur dünner Bretter, deren Zwischenraum von etwa 2 Zoll, um die Luft darin desto unbeweglicher zu machen, mit Stroh, Heu, Moos, Flachsabgängen, Sägemehl oder Hobelspänen ausgefüllt wird. Indessen genügen Wände von 1½ bis 2 Zoll

starken Brettern oder Bohlen von Pappel=, Weiden=, Aspen=, Lin=
den= und Tannenholz auch; und wer sie noch wärmer und halt=
barer machen will, kann sie äußerlich mit dünnen Brettchen, die
auch den Schlagregen ableiten, verschalen. Wird darunter noch
Papier, Tuch, alte Leinwand, eine dünne Schicht Stroh oder sonst
ein schlechter Wärmeleiter gelegt, so werden sie noch bedeutend
wärmer, und dann können zu den Wänden auch ganz einfache
Zollbretter von jeder beliebigen Holzart genommen werden.

Strohkörbe.

Das Stroh ist und bleibt eines der vorzüglichsten Materialien
zu Bienenwohnungen. Es ist bekanntlich ein schlechter Wärme=
leiter, es ist wohlfeil und überall leicht zu haben. Wegen seiner
Leichtigkeit und einer gewissen Elastizität eignen sich Strohkörbe
besonders zum Transport. Wo man daher mit seinen Bienen
Wanderungen in Buchweizen= oder Haidegegenden unternimmt,
wo überhaupt die Bienen zum Schwärmen geneigt sind und die
Schwarmzucht wegen anhaltender Weide, besonders auch guter
Herbstnahrung, auch die einträglichste Methode ist, da wird man
bei den Strohkörben wohl auch bleiben, obschon man auch dort
wohl thun wird einen Theil der Bienen in solchen Wohnungen
zu halten, in denen man Weiserzellen, Königinnen zur bequemen
Herstellung von Ablegern, wenn selbst in guten Jahren die Schwär=
me zufällig nicht kommen wollen, gewinnen, auch Beobachtungen
in einem Jahre mehr machen kann, als bei gewöhnlichen Körben
in zehn oder zwanzig Jahren.

Damit aber die Korbstöcke, wenn nun einmal die gehofften
Schwärme entweder gar nicht oder zu spät erscheinen, die kost=
barste Zeit nicht versäumen, muß man ihnen bequem Aufsätze geben
können; denn das Untersetzen schadet mehr als es nützt, wenn die
Nahrung später plötzlich abbricht. Es werden aber die Bienen die
gegebenen Aufsätze desto eher bebauen, je größer die Verbindungs=
öffnung ist. Ich würde daher rathen das Spundloch etwa 5—6

Zoll im Durchmeſſer groß zu machen. Wünſcht man für gewiſſe Fälle ein kleines Spundloch, ſo kann in der größeren Scheibe in der Mitte ein ſolches kleines angebracht und durch einen beſondern Spund verſchloſſen werden. Man erlangt hierdurch noch den Vortheil, daß man durch dieſes kleine Spundloch mit einem gekrümmten Meſſer vorher die Tafeln ablöſen kann, damit beim Aufbrechen des größern Spundes nicht zu viel vom Bau mit herausgeriſſen werde, wenn man nicht vielleicht zur Verhinderung deſſen unterhalb Stäbchen anzubringen für gut findet. An den großen Spund kann man auch drei bis vier Wachsſcheiben befeſtigen und ſo den Bienen die Richtung des Baues, am beſten vom Flugloch aus nach hinten, ſicher vorzeichnen. Man braucht dann zur Befeſtigung des Baues die Hölzer nicht in Kreuzesform, wie dies gewöhnlich geſchieht und wodurch man den Bienen beim Bauen mancherlei Hinderniſſe bereitet, ſondern nur in der den Waben entgegengeſetzten Richtung einzufügen. Durch die große Spundöffnung erlangt man manigfache Vortheile und Bequemlichkeiten bei der Behandlung. Beim Abtreiben kann man durch dieſelbe den Bienen ſtark mit Rauch beikommen, die Operation beſchleunigen und des glücklichen Erfolges um ſo mehr verſichert ſein. Das Abtreiben könnte auch allenfalls, ohne den Korb umzuſtürzen, nach oben, in ein auf das Spundloch geſetztes Körbchen, geſchehen, beſonders, wenn man nur einen Theil des Volkes und nicht auch die Königin nehmen will. Der Hauptvortheil aber wird ſein, daß man durch Aufſätze einem ſtarken Stocke eine Menge ſchönen Honigs abzapfen und leichte Stöcke mit gefüllten Aufſatzkörbchen oder mit Kandis, den man in die Oeffnung legt und dann mit einer Untertaſſe oder einer Glasglocke, die natürlich wieder äußerlich zu umhüllen wäre, überdeckt, für den Winter ausſtatten kann. Als ſolche Aufſätze können kleine Körbchen, von etwa 8 Zoll Breite und Höhe, Glasglocken und ſonſtige Geſchirre von entſprechender Form und Größe, in denen man vielleicht ſelbſt den Honig präſentiren will, oder auch ein viereckig Käſtchen aus dünnen Brechen gebraucht werden. Die letzteren, die man entweder unmittelbar auf den oben möglichst flachen Korb setzen oder vermittelst eines viereckigen in der Mitte rund ausgeschnittenen Brettchens genau der Spundöffnung anpassen könnte, wären deshalb vielleicht allen andern Aufsätzen vorzuziehen, weil man sie oben mit Stäbchen versehen und mit Waben ausstatten könnte, so daß sie von den Bienen desto eher bezogen und ausgebaut und mit Honig gefüllt würden. Besonders dann bauen die Bienen gewöhnlich ohne Verzug in den Aufsatz hinauf, wenn wenigstens eine Tafel, etwa die mittelste, bis auf ihren eigenen Bau herabreicht. Ein solcher Aufsatz läßt sich auch hinten leicht mit einer Glasscheibe versehen, durch welche man sehen kann, wenn der Aufsatz gefüllt ist und abgenommen werden kann; was bei Aufsatzkörbchen nicht leicht geschehen kann. Als Aufsätze für leichte Stöcke dagegen eignen sich natürlich wiederum ausgebaute Körbchen besser. In solchen Körbchen, wenn sie von dem darunter befindlichen Hauptkorbe durch ein dünnes Brettchen genau geschieden und mit einem eigenen kleinen Flugloch versehen würden, könnte man auch fruchtbare Königinnen mit kleinen Schwärmchen überwintern, die isolirt nicht durchzubringen wären.

Thorstöcke.

So gut auch Strohwohnungen die Bienen gegen die Kälte schützen, so wenig Schutz gewähren sie ihnen dagegen gegen mancherlei ihnen gefährliche Thiere, namentlich die Mäuse, welche, wenn nicht fleißig im Winter nachgesehen wird, sich durchbeißen und große Verheerungen unter den Bienen anrichten können. Auch die Wachsmotten finden in den Ritzen der Strohringe mancherlei Verstecke, können sich allenfalls auch durch das Stroh beißen und Lagerstöcke besonders haben von ihnen viel zu leiden und sind, wenn man auch die untere Fläche verkittet, schwer von diesen den Bienen so lästigen Thieren rein zu halten.

Ich habe daher beständig darüber nachgedacht, wie Bienenwohnungen herzustellen wären, die inwendig aus Holz, äußerlich aus Stroh beständen, also die Wärme des Strohes mit der Reinlichkeit und Dauerhaftigkeit des Holzes verbänden und denen sich zugleich die bekannte innere Einrichtung geben ließe, welche alle meine Bienenwohnungen besitzen; und es ist mir gelungen in den eben zu beschreibenden Thorstöcken solche Bienenwohnungen ausfindig zu machen. Sie heißen Thorstöcke, weil sie sowohl innerlich als äußerlich die Form eines durch eine dicke Mauer gehenden gewölbten Thores haben. Die beiden Seitenwände erheben sich senkrecht bis zu einer gewissen Höhe und vereinigen sich dann oben in einem halbkreisförmigen Gewölbe. Sie sind als Lagerstöcke bequemer anzufertigen und zu behandeln, werden also mehr lang als hoch gemacht. Die angemessenste Länge scheint 2 bis 2½ Fuß, die Breite 9 bis 10 Zoll, die Höhe bis an das Gewölbe inwendig etwa 15 Zoll, die Höhe der senkrechten Seitenwände bis zum Beginn der Wölbung also etwa 10 Zoll. Daß der ganze Stock, wie alle meine Bienenwohnungen, untheilbar ist, bedarf kaum bemerkt zu werden; nur die beiden oben natürlich abgerundeten Thüren, welche an beiden Enden eingepaßt werden, sind beweglich und beliebig zu öffnen. Der Stock ist also von beiden Enden zugänglich und, obschon er ziemlich tief ist, kann man doch Brut= als Honigtafeln bequem erlangen, je nachdem man die vordere oder hintere Thüre eröffnet. Auch die Königin wird hier leicht auszufangen sein, wenn man durch Klopfen und Räuchern von hinten sie nach vorn treibt, dann hier schnell öffnet und die vordern Tafeln, die man, um jetzt nicht Zeit zu verlieren, schon vorher gelöst haben kann, schnell herausnimmt. Auch hier nämlich hängt der ganze Bau an einem Stäbchenrost, welcher da angebracht ist, wo die grade aufsteigenden Wände sich zu wölben beginnen, also bei der oben angegebenen Höhe 10 Zoll vom Boden.

Solche Stöcke zu bereiten ist viel leichter, als gewöhnliche Stroh= körbe herzustellen und Jeder, der nur im Besitz einiger Brettchen ist, kann sich dieselben selbst verfertigen. Man mache sich eine Form von der Größe und Gestalt, welche der Stock inwendig haben soll. Man nehme hiezu ein 30 Zoll oder etwas darüber langes Klötz= chen und beschlage es vierkantig auf 10 Zoll im Quadrat; dann nehme man ein zweites rundes von derselben Länge aber nur 10 Zoll Durchmesser, spalte oder säge es mitten durch, und lege eine solche Hälfte auf das erste vierkantige Klötzchen, so bilden beide zusammen die erforderliche Form. Nothdürftig würde man einen Thorstock schon herstellen, wenn man diese Form mit einer Stroh= wulst oder einem Strohseile von einem Ende bis zum andern um= wickelte, zwischen die beiden Theile der Form, um das Stroh noch fester an die Form heranzuziehen, Keile eintriebe, das Ganze mit einem Kitt überzöge und ruhig bis zum Uebertrocknen stehen ließe. Je rauher die Oberfläche Anfangs ausfiele, desto besser würden durch den Kitt die einzelnen Ringe mit einander verbunden. Nach= dem die Form herausgenommen worden, können 10 Zoll vom Bo= den Leisten als Träger der Stäbchen angenäht oder mit Schindel= nägeln, die im Stroh außen umgebogen werden, befestigt, dann alle Ritze und Vertiefungen auch im Innern mit Kitt ausgefüllt und zuletzt die beiden Thüren aus anderthalb bis zwei Zoll star= ken Brettern angepaßt werden, von denen die eine das Flugloch in einiger Entfernung vom Boden erhalten kann.

Weil aber die Strohringe immer eine runde Form einzuneh= men streben, so wird man, um dem vorzubeugen, zugleich auch der Reinlichkeit und Dauerhaftigkeit wegen, wohl thun, inwendig ein Bodenbrett einzufügen und durch Drath und einige Schindelnägel das Stroh von außen an dasselbe heranzuziehen, eben so auch die Seitenwände mit dünnen 10 Zoll breiten Brettchen inwendig aus= zukleiden, welche die beiden Leisten entbehrlich machen, da die Stäb= chen auf den oberen Kanten jener Brettchen ruhen können, wenn man es nicht vielleicht noch zweckmäßiger findet, in diese Brettchen dicht am oberen Rande einen Falz oder eine Fuge einzuhobeln, da= mit die einzufügenden Stäbchen mit der Strohumhüllung in keine Berührung kommen und sie beschädigen können, dann aber auch, damit diefe Seitenbrettchen sich nicht nach innen biegen, sondern von den Stäbchen auseinander gespreizt in der gehörigen Lage erhalten und gegen die Strohumhüllung desto fester gedrückt würden. Statt aber jene Brettchen zur innern Auskleidung des Bodens und der Wände erst nachträglich einzuschieben, ist es bequemer und zweckmäßiger sie, nachdem die Fugen zur Einschiebung der Stäbchen an dem obern Rande eingehobelt worden sind, gleichsam zu einem 10 Zoll breiten und eben so hohen Troge zusammen zu nageln, dann die oben beschriebene Form, von welcher nur der gewölbte Theil hervorragen wird, hineinzufügen und jetzt das Ganze mit Stroh zu umwinden.

Der erste und der letzte Strohring muß der Haltbarkeit wegen mit Bast, gespaltenen Wurzeln, Rohr oder Weidenruthen gut umwunden werden, oder man giebt statt dessen eine äußere Verkleidung gleichsam einen äußeren Kranz oder Ring von drei in Form eines ⎣⎦ vereinigten Lattenstücken, worüber ein halbkreisförmiger Ausschnitt mit zwei Nägeln befestigt wird. Sowohl das Bodenbrett als die Seitenbrettchen werden an die entsprechenden Lattenstücke angenagelt und erhalten dadurch eine feste Lage, daß sie sich nicht werfen können, auch in der senkrechten und parallelen Lage bleiben müssen.

Wenn man eine solche äußere Verkleidung an beiden Enden des Troges, zu welchem die Seitenbrettchen und das Bodenbrett zusammen genagelt worden sind, angebracht hat, wird erst jetzt die oft erwähnte Form hineingeschoben Diese muß unter dem halbkreisförmigen Ausschnitt hindurch gehen können, darf also nicht höher sein; es ist besser, wenn sie etwas niedriger als der Stock ist, weil sie sich durch Keile oder Unterlagen leicht erhöhen nicht aber niedriger machen läßt. Jetzt wird an den einen Lattenkranz der Anfang des Strohseiles, etwa mit einem Schindelnagel befestigt, schraubenförmig bis zum andern Ende die Form damit umwunden und das Ende des Seiles an den andern Lattenkranz genagelt. Um die Strohringe an die inwendigen Brettchen fest anzuziehen, kann man auf jeder Seite und unten einen oder auch zwei Dräthe von der Verkleidung des einen Endes bis zu der des andern spannen und sie mit Schindel- oder Rohrnägeln, die bis in die inneren Verkleidungsbrettchen bringen, heranziehen.

Um das Umwickeln der Form bequemer zu machen, habe ich eine Vorrichtung getroffen, durch welche man dieselbe wie eine Welle bequem drehen kann. An dem einen Ende nämlich wurde ein Zapfen befestigt, der in einer in der Wand der Werkstatt angebrachten Pfanne lauft, an dem andern dagegen Haspen, mittelst welcher sie sich mit einer Kurbel leicht in Verbindung setzen läßt. Indem nun ein Arbeiter das Strohseil bereitet, der andere die Form langsam herumdreht, ist in wenigen Minuten die ganze Strohhülle fertig. Werden diese Stöcke auf die Art verfertigt, daß sie inwendig mit den dünnen Brettchen und äußerlich an beiden Enden mit der Verkleidung aus Lattenstücken, an welche sich dann die Strohumhüllung anschließt, versehen werden, so kann die Form auch sofort herausgenommen werden. Es läßt sich dann die Strohhülle mittelst der von einem Ende zum andern gespannten Dräthe bequemer an die innern Brettchen heranziehen, indem man die inwendig hervorkommenden Spitzen der Nägel sogleich umbiegen kann, daß sie bei der starken Spannung der Dräthe nicht wieder herausfahren. Nach dem man den Stock äußerlich und innerlich oben am gewölbten Deckel mit einem Kitt, der auch nur aus Lehm und Rindviehmist bereitet werden kann, überzogen hat, kann man die Form oder wenigstens den gewölbten Theil derselben wieder einfügen und an die Wölbung, nachdem man vielleicht Papier dazwischen gefügt hat, fest anpressen, damit die jetzt noch feuchte Decke die schöne Form eines Gewölbes innerlich wie äußerlich annehme und behalte. Die beiden einzupassenden oben abgerundeten Thüren ließen sich zwar auch von Strohringen bequem herstellen; indessen ist es der Dauerhaftigkeit auch der Mäuse wegen besser, sie aus anderthalb bis zwei Zoll starken Brettern von einer weichen Holzart zu machen. Das Flugloch könnte auch in der Mitte der

einen Seitenwand, etwa einen Zoll vom Bodenbrett eingeschnitten
werden, bequemer indessen ist es, in einer der beiden Thüren oder
in beiden dasselbe anzubringen, so daß man bald die eine,
bald die andere Seite nach vorn drehen kann. Würden
indessen beide Thüren genau von gleicher Höhe gemacht,
daß sie sich vertauschen ließen, so brauchte das Flugloch nur in einer eingeschnitten zu werden, während die andere vielleicht eine
Glasscheibe erhalten könnte. Ein Flugloch auch in der hinteren
Thüre anzubringen, wäre deshalb zweckmäßig, weil man, wenn
man den inwendigen Raum durch eine dritte aber nur dünne
tiefer in den Stock geschobene Thüre so abtheilt, daß keine Biene
aus dem einen Theile in den andern gelangen kann, leicht zwei
Völker, wenigstens zwei Mütter, in einer solchen Wohnung überwintern, auch umgekehrt, ein starkes Volk leicht in zwei theilen
und so leicht einen Ableger machen könnte. Es versteht sich von
selbst, daß dann der Thorstock einen solchen Stand haben müßte,
daß die Bienen nach beiden Seiten hin bequem ausfliegen könnten. Sie brauchen auch nicht in einem besondern Bienenhause
aufgestellt zu werden, sondern können auf zwei untergelegten
Scheiten oder auch Ziegeln an jedem Orte stehen. Zur Ableitung
des Regens können zwei oder drei Brettchen oben angenagelt
werden, daher der äußere Rand der oberhalb der Thüren befindlichen Bogen besser nicht abzurunden sondern eckig zu lassen ist,
wie Fig. 1 andeutet.

Weil die Wärme immer nach oben steigt, bedürfte das Bodenbrett, besonders, wenn es etwa einen Zoll stark ist, keiner
Strohhülle. Man könnte daher auch zwei der oft erwähnten
Formen mit den Bodenbrettern gegeneinander gleichsam zu einer
Form zusammenfügen, dieselbe mit einem fortlaufenden Strohseil
von einem Ende bis zum andern umwinden, mittelst vier Leisten die Strohhülle an beide Bodenbretter zu beiden Seiten durch
längere Nägel fest heranziehen und dann durch einen Schnitt
zwischen den beiden Bodenbrettern das Ganze in zwei Theile

zerlegen, und man würde mit einem Male zwei Thorſtöcke er=
halten. Wer nur einen oder wenige ſolche Stöcke ſich anfertigen
will, kann ſich auch nur einer der oben abgerundeten Thüren als
Form bedienen, indem er die einzelnen Strohwülſte über dieſelbe
legt und ſie dann wiederum zurückzieht, um den nächſten Ring
wieder darüber zu ziehen. Dann dürfte es aber nöthig ſein, die
einzelnen Ringe entweder mit hölzernen Nägeln etwas mit einan=
der zu befeſtigen, wie man es mit den Rollen des Tabacks zu
thun pflegt oder mittelſt einer Riemernadel und Bindfaden ſie
wenigſtens äußerlich etwas aneinander zu nähen. Man kann ei=
nen ſolchen Thorſtock auch als Doppelſtock einrichten, indem man
bei doppelter Breite durch eine der Länge nach gehende vom Bo=
den bis an das Gewölbe reichende, bei größerer Länge aber durch
eine quergehende Scheidewand ihn abtheilt. Würde aber der
Stock bei entſprechender Größe ſowohl der Länge als der Breite
nach, alſo durch eine Kreuzwand, getheilt, ſo erhielte man eine
vierfächerige Bienenwohnung. Am bequemſten bleibt aber der
einfache und der zuerſt erwähnte Doppelſtock, in welchem die bei=
den Abtheilungen der Länge nach neben einander liegen, weil ſie
von beiden Seiten zugänglich ſind.

Die Vortheile dieſer Bienenwohnungen müſſen jedem Nach=
denkenden ſofort einleuchten. Wegen des flachen Bodens haben ſie
einen feſten Stand und ſind von Wachsmotten beſſer reinzuhalten,
wodurch zwei weſentliche Uebelſtände der Strohwalzen, mit welchen
ſie übrigens die größte Aehnlichkeit haben, beſeitigt ſind. An Wärme
geben ſie dieſen auch nichts nach, übertreffen ſie dagegen an Halt=
barkeit. Wer ſie daher auch mit dem Stäbchenroſt nicht verſehen,
ſondern wie gewöhnliche Lagerſtöcke behandeln wollte, würde
ihnen aus den angegebenen Gründen und auch des gefälligen An=
ſehens wegen den Vorzug einräumen, beſonders da er ſich ſie
ſelbſt verfertigen kann, während zur Herſtellung ſauberer und dau=
erhafter Strohkörbe nicht Jeder das Geſchick und das zum Anein=
andernähen der Strohringe nöthige Material hat.

Giebt man ihnen aber außerdem auch noch die Einrichtung, die ich ihnen gegeben habe und benützt den untern Raum als Brut= den obern unter dem Gewölbe als Honigraum, so erlangt man überdies noch alle jene Vortheile, welche mir meine Bienenwohnungen darbieten. Besonders kann man einen leichten Stock auf die bequemste Weise mit einem Male mit der erforderlichen Winternahrung versehen, indem man, sollte man auch keine Honigtafeln an Stäbchen haben, um ihm solche einzuhängen, ihm in den Raum oberhalb der Stäbchen, nachdem man einen Theil des Belags entfernt hat, die nöthige Quantität Kandis oder Honigtafeln in Stücken, wie man sie grade hat, einstellt, was auch mitten im Winter geschehen kann.

Eben so wird man aber auch den schweren Stöcken den Honig in diesem Raume stets, auch mitten im Sommer, entnehmen können, ohne der Brut zu nahe zu kommen, mit welcher sich die Bienen meist auf den untern Raum beschränken werden.

Der schrankartige Sechsbeuter.

Unter allen meinen aus Bohlen gefertigten mit mehreren Fächern versehenen Bienenwohnungen gebe ich dem Sechsbeuter, der äußerlich einem Kleiderschrank nicht unähnlich ist, den Vorzug.

Er enthält drei Fächer neben einander in zwei Stockwerken, also zusammen sechs Bienenwohnungen.

Drei Fächer neben einander anzubringen, ist deshalb recht passend, weil aus jeder die Bienen nach einer andern Himmelsgegend ausfliegen können, während nach der vierten Himmelsgegend die Thüren sich befinden. Zweistöckig sind diese Wohnungen deshalb besonders bequem, weil sie dann etwa fünf Fuß oder so hoch werden, daß man unter dem Dache derselben bequem stehen und alle nöthigen Verrichtungen ungehindert vornehmen kann. Solche Sechsbeuter stelle ich nämlich immer paarweise auf etwa 5 Fuß langen Unterschwellen mit den Thüren gegen einander gekehrt doch soweit von

3

einander abstehend auf, daß man dazwischen unter dem über beide Stöcke laufenden Dache bequem stehen und in jedes Fach nachsehen kann. Nur für den Winter werden sie zum Schutz gegen die Kälte und auch gegen Beraubung dicht aneinander gerückt, daß sie sich vollkommen decken und dann nur einen einzigen größern Schrank zu bilden scheinen. Werden sie miteinander auf irgend eine unkenntliche Weise verbunden oder auf die Schwellen aufgeschraubt, so können die Stöcke ohne Anwendung großer Gewalt während der Herbst= und Wintermonate nicht beraubt werden. Wegen der Zweckmäßigkeit und Schönheit solcher Bienenwohnungen will ich eine möglichst ausführliche Beschreibung ihrer einfachsten und besten Konstruktion folgen lassen, damit jeder Arbeiter in den Stand gesetzt werde sie darnach genau anzufertigen.

Als Material dazu sind möglichst breite warmhaltige gegen zwei Zoll starke Bohlen zu den beiden äußeren Seitenwänden und zur Decke, zum Boden ein gleich breites der Fäulniß möglichst widerstehendes also kerniges oder kieniges Brettstück von der Stärke gewöhnlicher Dielen, zu den innern Scheidewänden aber gleich breite Bretter von jeder beliebigen Holzart und von ein bis anderthalb Zoll Stärke erforderlich. Die Tiefe der Stöcke, also die Breite der Wände kann 15 bis 20 Zoll*) betragen. Hätte man sie nur schmäler, so müßte man zwei Stück zusammenstoßen.

Die Breite der Wohnungen muß man überall gleich machen, damit die Stäbchen von der einmal angenommenen Länge überall passen. Weil aber die Stäbchen einen Viertelzoll in jede der beiden Wände eingreifen, so muß die Wohnung selbst einen halben Zoll schmäler sein, als man die Stäbchen lang zu machen beabsichtiget.

---

*) Ich meine rheinländische Zoll, deren 12 einen rheinl. Fuß ausmachen. Wem dieses Maaß unbekannt wäre, der nehme eine Wachstafel mit Bienenzellen und rechne 5 Zellen neben einander gleich einem Zoll. 60 gleich einem Fuß, so wird er ziemlich dasselbe Maaß haben. Auf kleine Unterschiede kommt es nicht an.

Die angemessenste Länge für die Stäbchen, obschon es auf
einen Zoll mehr oder weniger nicht ankommt, scheint die Spanne
einer Mannshand oder 9 Zoll, die angemessenste Breite der einzelnen Wohnungen also acht und einen halben Zoll zu sein. Die
ganze Breite des Stockes äußerlich gemessen wird also dreimal acht
und einen halben Zoll oder 25½ Zoll und dazu noch die Dicke
der vier Wände, also etwa 7 Zoll, wenn die äußern jede 2, die
inneren jede anderthalb Zoll stark wären, zusammen also 32½ Z.
Diese Länge muß also genau die Decke so wie das Bodenbrett
des Stockes haben. Bei der Höhe des Stockes kommt es auf
solche Genauigkeit nicht an. Sind die Stöcke tiefer, vielleicht auch
breiter, so können sie etwas niedriger sein. Indessen mache man
sie lieber etwas höher. Es kommen dann die Fluglöcher der
über einander befindlichen Fächer weiter von einander zu stehen; auch
kann man sich unten wie oben Raum zur bequemeren Behandlung
reserviren und durch dessen Ausstopfung für den Winter die Stöcke
noch wärmer machen. Ich mache jedes Fach im Innern gewöhnlich 31 Zoll hoch, und da das die beiden über einander befindlichen Fächer scheidende wagerechte Brett wenigstens einen Zoll des
Raumes einnimmt, so beträgt die ganze Länge der Wände 63 Z.,
wenn der Stock nicht zusammen gezinkt, sondern die Decke und
das Bodenbrett nur aufgenagelt wird. Zusammen gezinkt wird
die Wohnung allerdings fester und die Bohlen, hätten sie sich auch
etwas geworfen, müssen sich grade richten. Das Zusammennageln
mit starken hölzernen Nägeln ist aber nicht so zeitraubend und
wenn alle 3 Zoll ein solcher vorher in Leim eingetauchter Nagel
eingeschlagen wird, so hält das eben so und bei morschen Bohlen,
wie sie sich hierzu besonders eignen, fast noch besser. Auch erspart
man einige Zoll Bohle. Die äußern wie die innern Wände werden vor dem Zusammentreffen auf vollkommne gleiche Länge ge-
schnitten, so daß sie auf einander gelegt sich vollkommen decken.
Auf der Seite, wo später die Thüren zu stehen kommen sollen,

hobelt man einen so breiten Streifen, als die Thüren dick gemacht
werden sollen, also etwa anderthalb Zoll, einen Viertelzoll tief weg,
bei den Seitenbohlen auf der nach Innen kommenden Seite, bei
den Mittelwänden aber auf beiden Seiten, so daß diese, wenn sie
vorher anderthalb Zoll stark waren, jetzt auf dieser Seite nur noch
einen Zoll dick bleiben. Dieses Abhobeln, was, wenn man keine
Fugen- und Spundhobel hätte, mühsam zu bewerkstelligen wäre,
kann man auf die Art ersparen, daß man einen anderthalb Zoll
breiten aber um so viel schwächeren Brettstreifen anstößt, annagelt
oder anleimt, daß der zur Anlehnung der Thüren, damit diese nicht
in die Bienenwohnungen hineinfallen, nöthige Absatz von einem
Viertelzoll gebildet wird. Dadurch gewinnen auch die Wände an
Breite also die Wohnungen an Tiefe. Das Annageln der erwähnten Streifen oder schwachen Latten könnte auch erst dann erfolgen,
wenn der Stock bereits zusammen genagelt ist, auch die mittleren
Scheidewände eingefügt sind. Sie können dann, wenn sie die
Länge haben, als die ganze äußere Höhe des Stockes beträgt, in
die Decke und den Boden, oder wenigstens Zapfen davon, eingelassen werden. Die Decke und der Boden müssen dann natürlich
anderthalb Zoll breiter sein und um so viel nach dieser Seite vorstehen, auf welcher man an die senkrechten Wände jene Latten an-
zustoßen beabsichtigt. Man kann zwei solcher Wohnungen, die
man dann neben einander zu stellen beabsichtigt, auf einmal in
Angriff nehmen und kann sie, wenn sie eben zusammengenagelt
oder zusammen gezinkt sind, mit den Seiten, wo man die Thüre
anzubringen beabsichtigt, gegen einander stellen und versuchen, ob
sie sich dicht an einander schließen und wo dies nicht genau der
Fall ist, bald nachhelfen. Obschon man kleine Ritze leicht verstopfen oder verkleben kann, ist es doch besser, wenn sie sich vollkommen äußerlich decken. Nur zwischen den Bodenbrettern kann
gegen die Mitte hin ein Ritz von etwa einem halben Zoll bleiben,
damit im Winter von der Erde aus eine wärmere Luft zwischen
den Stöcken hinaufsteigen könne.

Damit die beiden mittleren Scheidewände, die nicht in beson=
dere Fugen eingelassen zu werden brauchen, sich in die entspre=
chende Entfernung von einander und gehörige Lage richten, braucht
man nur oben an die Decke und unten auf den Boden ganz dünne
Brettchen, so breit, wie die einzelnen Abtheilungen und so lang,
als diese nach zugemachter Thüre inwendig tief sein werden, dicht
und allenfalls mit Gewalt einzufügen und mit Schindelnägeln da
und dort anzunageln. Durch diese inwendige Ausfütterung wird
die Decke und der Boden noch wärmer gemacht und die Scheide=
wände so eingepreßt, daß sie sich nicht krümmen können. Dies
wird noch mehr bewirkt durch die in der halben Höhe anzubrin=
genden wagerechten Scheidebretter, um je zwei übereinander be=
findliche Fächer von einander abzusondern. Die Länge und Breite
der letzteren ist der Tiefe und Breite der Fächer angemessen. Man
mache sie aber, wenn die Wände noch nicht ganz trocken wären
und mit der Zeit etwas schwinden könnten, lieber ein wenig kürzer,
damit sie später nicht zu lang werden und vorstehen, oder man
gebe sie mit den Jahresringen quer durch den Stock, damit sie
mit den Wänden zugleich zusammentrocknen können. Dasselbe ist
auch in Bezug auf die vorgedachten dünnen Brettchen, welche an
die Decke und den Boden aufgenagelt werden, zu bemerken. Für
diese in der Mitte einzufügenden etwa zollstarken Scheidebrettchen
hätten einen Viertelzoll tiefe Rinnen in den senkrechten Wänden
eingeschnitten werden können; es würden dann vorn, wo der Thüre
wegen von den Wänden einen Viertelzoll weggehobelt worden ist,
keine Ritze entstehen. Diese können indessen mit passenden Keil=
chen ausgefüllt werden. Auf diese Art sind nun sechs einander
ganz gleiche Fächer von 31 Zoll Höhe entstanden. Jetzt können
die Fugen oder Ritze zum Einschieben der Stäbchen am bequem=
sten eingeschnitten werden, da der Stock noch nach zwei Seiten
offen ist, und zwar mit einer gewöhnlichen Klafterholzsäge, welche
eine gegen einen Viertelzoll breite Rinne macht. Sollte sie etwas
zu schmal ausfallen, so kann mit einem Schnitzer die obere Kante

etwas schief weggeschnitten und so der Ritz erweitert werden. In Fächern von der angegebenen Höhe von 31 Zoll bringe ich jetzt fünf solcher einander genau gegenüberstehender Fugenpaare an, nämlich 6, 12, 18, 24 und 30 Zoll vom Boden gerechnet, so daß über dem letzten Ritze noch ein Zoll Raum bis an die Decke ist, damit man über die Stäbchen noch mit dem Finger hinübergreifen, sie erfassen, auch deren Entfernung beurtheilen kann. Man bezeichnet sich zuerst an den Kanten der Seitenbohlen die Stellen, wo die Rinnen einzuschneiden sind, indem man in den oberen Fächern von der Decke, in den unteren von dem Boden aus anfangen kann und mittelst eines querüber gelegten Lineals oder einer Schnur ist es dann leicht an den Rändern der Mittelwände die entsprechenden genau gegenüber liegenden Stellen zu finden und zu bezeichnen. Einen Viertelzoll sind die Einschnitte tief genug.

Damit sich die äußeren Bohlen, wenn sie von der Sonnenhitze zusammengezogen werden, nicht krümmen und werfen können, giebt man, zugleich zur Befestigung der wagerechten in der Mitte angebrachten Scheidebretter, wenigstens auf der Seite, wo die Thüren kommen, von einer Seite zur andern ein eisernes Band oder einen Reifen von etwa 40 Zoll Länge, in welchem sich zuerst vier Löcher immer 10 Zoll von einander entfernt befinden müssen, um ihn auf die Kanten der vier Wände aufzunageln, dazwischen aber immer noch ein oder zwei Löcher, um durch dieselben Nägel in die wagerechten Scheidebretter zu schlagen; endlich noch Löcher an beiden Enden, um diese herumgebogen fest zu nageln. Diejenigen Stöcke, welche auf einen vor Diebstahl nicht ganz sicheren Stand kommen sollen, pflege ich, aber erst nach Verschlagung der Vorderseite, rings herum mit einem Reifen von gezogenem Eisen in der Mitte zu umschlingen, weil es mir schon begegnet ist, daß Diebe, nachdem sie vergebens versucht hatten, die zwei fest mit einander verbundenen Stöcke auseinander zu trennen, die Giebelwand aufgebrochen haben. Sonst ist ein Band, was zwischen den

obern und untern Oeffnungsbrettern hinlauft und von der Breite
ist, als die wagerechten Scheibebretter, auf die es genau zu liegen
kommt, dick sind, hinreichend. Es darf aber weder selbst, noch
die Köpfe der eingeschlagenen Nägel vorstehen, weil sich sonst die
Stöcke nicht dicht an einander würden anrücken lassen.

Jetzt kann man die sechs Thüren zupaffen, so lange man
von der entgegengesetzten Seite noch sehen kann, wie sie auch inwendig sich anlegen. Sie bestehen aus einfachen abgehobelten
Brett- und Bohlenstücken von etwa anderthalb Zoll Stärke, 31
Zoll Länge und 9 Zoll Breite und werden nicht etwa äußerlich
angelehnt, sondern in den Stock eingefügt und lehnen sich an den
früher dazu hergestellten Absatz von einem Viertelzoll an jede der
beiden Seitenwände an. Damit sie nicht, besonders wenn sie zusammentrocknen, herausfallen können, werden an die Kanten der
Wände ganz flache und schmale aber etwa zwei Zoll lange Wirbel von Buchenholz oder Bandeisen mit Schloßnägeln angeschla-
gen. Um dagegen die Thüren, wenn sie verquollen sein sollten,
leicht heraus zu bekommen, habe ich eine an einem starken Ringe
befestigte Schraube, einem Pfropfenzieher ähnlich; wird diese ein-
geschraubt und dann durch den Ring ein Stock als Hebel einge-
steckt, so giebt die Thüre sofort nach, während man mit einem
Meißel sie leicht beschädigen könnte. Um den Bienen im Sommer kühle, im Winter dagegen warme vom Boden aus zwischen
den Stöcken aufsteigende Luft zuzuführen, überhaupt einen kleinen
Luftzug zu bewirken, auch bei etwaigem Transport die Bienen vor
Erstickung zu bewahren, lasse ich in der Mitte jeder Thüre etwa
drei ganz schmale Ritze sechs Zoll lang mit einer Lochsäge ausschneiden. Wer die Bienen ungestört bei ihren Arbeiten beobachten will, kann in der Thüre auch eine Glasscheibe, die aber von
außen zu bedecken ist, einsetzen oder hinter der hölzernen Thüre
eine in Rahmen gefaßte Glasthüre anbringen lassen.

Jetzt wird endlich die andere bisher noch offene Seite des
Stockes verschlagen. Dies könnte nun am Einfachsten durch dicht

anschließende Bohlenstücke geschehen. Diese könnten aber von der Sonnenhitze krumm gezogen werden, da und dort sich ablösen und so Ritze und Spalten entstehen, daß sogar Bienen zweier benach=barten Fächer mit einander in Berührung kämen, dem sorgfältig vorgebeugt werden muß. Besser ist es, zuerst eine Schicht oder Lage dünner gut ausgetrockneter, dicht an einander stoßender Bret=ter, etwa von Pappelholz, aufzunageln, welche sich auch mit Schindelnägeln sowohl an die senkrechten Wände als auch an die wagerechten Scheidebretter fest heranziehen lassen, so daß nirgends ein Ritz aus einem Fache in das daneben oder das darüber be=findliche bleiben kann. Hat man diese dünnen Bretter von der entsprechenden Breite, 10 bis 11 Zoll, so kann man sie senkrecht in 3 Stücken von der Länge, als der ganze Stock hoch ist, auf=nageln. Sonst schneide man sie in Stücke von der Länge, als der Stock äußerlich breit ist und nagle sie dicht zusammengestoßen quer auf. Besser als durch viele Nägel kann man diese dünne Verschalung an die Kanten der Wände auf die Art heranziehen, daß man äußerlich Latten auflegt und diese mit längeren Brett=nägeln an die Wände heranzieht. Statt der beiden Latten in der Mitte nagle man bald lieber ein ganzes etwas stärkeres Brett in der Mitte senkrecht auf. Wird dieses zugleich oben an die Decke und unten an den Boden stark befestigt, allenfalls aufgeschraubt, so dürfte ein gewaltsames Erbrechen dieser Seite etwas mühsam werden. Der größern Wärme wegen kann unter dieses Brett vorher eine Schicht Papier, altes Tuch, Leinwand u. dgl. gelegt werden. Jetzt werden zu beiden Seiten einerseits auf das zuletzt erwähnte Brett andrerseits auf die am Rande befestigten Latten schwächere aber hinreichend breite Bretter aufgenagelt, so daß von dem mittlern Brette in der Mitte vier bis sechs Zoll frei bleibt, wo die beiden Fluglöcher aus der mittlern Abtheilung, 3 Fuß ei=nes über dem andern, wegen der hier entstandenen Vertiefung sehr schicklich angebracht werden. Der hohle Raum unter den bei=den seitwärts aufzunagelnden Brettern wird vorher mit Hobelspä=

nen, die man zur Abhaltung der Ameifen mit etwas Afche beftreu-
en kann, ausgefüllt, auch unten am Boden und an der Decke
die Oeffnungen durch einpaffende Lattenftücke verfchloffen.

Sollten die beiden äußeren Wände entweder nicht warm oder
dauerhaft genug fcheinen, fo kann man ihnen auch eine äußere
Verfchalung von dünnen Brettern geben, wenigftens unten am
Fuße, wo fie vom Regen, Schnee und der Erdfeuchtigkeit mehr
leiden, als oben.

Die Fluglöcher, zwei bis drei Zoll breit und einen halben
Zoll hoch, werden mit einer Lochfäge, für die beiden mittlern Fächer, wie fchon erwähnt wurde, in der Vorderwand, für die feit-
wärts gelegenen in der entfprechenden Seitenwand tief im Hintergrunde, eingefchnitten. Es hätte dies, fo lange die vordere
Seite noch nicht verfchlagen war, auch mit einer gewöhnlichen
Säge durch zwei an der Seite gemachte Einfchnitte gefchehen können. Werden die Stöcke auch an einander gefchoben, fo kommen
doch zwei der nach derfelben Himmelsgegend gerichteten und
in gleicher Höhe befindlichen Fluglöcher foweit aus einander, als
beide Stöcke zufammengenommen tief find, alfo wenigftens 30
Zoll. Was die Höhe betrifft, in welcher fie anzuberaumen find,
fo können fie ziemlich in der Mitte, alfo in der halben Höhe jedes
Faches, angebracht werden, in den oberen Fächern jedoch etwa zwei
Zoll höher, in den untern um fo viel tiefer. Sie werden dann
hinreichend weit, nämlich etwa drei Fuß auseinander, eigentlich
über einander, kommen.

Zum bequemeren Anflug der Bienen kann man Klötzchen oder
Lattenftücke, die oben fchief abgehobelt find, unter die Fluglöcher
nageln oder auch Brettchen fchief darunter befeftigen. Ein Anftrich
mit Oelfarbe giebt dem Stocke nicht nur ein fchöneres Anfehen,
fondern auch größere Dauer und Wärme, indem er das Feucht-
und Kühlwerden der Wände von Außen verhindert.

Um Farbe zu fparen, muß dann natürlich Alles defto beffer
abgehobelt fein. Man wähle zum Anftrich lieber eine lichte Farbe,

die gelbe, lichteblaue, hellgrüne oder weiße, die Fluglöcher aber, die äußerlich etwas erweitert und abgerundet sein können, streiche man schwarz an, so daß sie recht abstechen und den Bienen schon von Weitem, selbst in der Dämmerung, kenntlich sind. Den Fuß des Stockes bis gegen die unteren Fluglöcher kann man auch mit einer dunkleren, allenfalls auch ganz schwarzen Farbe anstreichen. Die Bienen werden dann die Höhe, in welcher sie ihr Flugloch zu suchen haben, desto besser beurtheilen können. Ein gegen 6 Fuß langes und gegen 40 Zoll breites Dach von Schindeln oder aus vier breiten oder sechs schmälern Brettern, die man auf zwei kleine Sparren oder selbstgewachsene Kniehölzer nagelt, wird zwei solchen Stöcken aufgesetzt, ohne darauf weiter befestigt zu werden.

Ich habe mich bei der Beschreibung dieser jeden Bienenfreund sehr ansprechenden Bienenwohnungen lange aufgehalten, um Modelle, um deren Zusendung ich oft ersucht worden bin, und die, sollen sie genau sein, fast dieselbe Mühe, als der Stock selbst, erfordern, ganz entbehrlich zu machen. Ich bin nur allmählig und mühsam auf diese mir am vollkommensten scheinende Konstruktion gekommen und will den Bienenfreunden die Ergebnisse meiner vielfachen Versuche nicht vorenthalten.

So schön sich die beschriebenen Stöcke, sauber gefertigt, äußerlich ausnehmen, so bequem ist die ganze Behandlung und gewährt das größte Vergnügen. Zwischen den Stöcken stehend, vor zufälligem Regen geschützt, auch vor den Bienen etwas gedeckt, kann man alle nöthigen Verrichtungen gemächlich vornehmen. Das Innere der Bienenwohnungen, obschon es außer den glatten Wänden nichts weiter enthält, als die fünf Paare mit wenigen Zügen eingeschnittener Fugen, bietet gleichfalls die mannigfaltigsten Vortheile dar. Nachdem man für den Schwarm oder Triebling im zweiten oder auch dritten Fugenpaare den bekannten Stäbchenrost angebracht und dünne Brettchen darüber gelegt hat, ist höchstens im Herbste nachzusehen, ob der nöthige Wintervorrath vorhanden ist, das Fehlende in vollen Tafeln, die man reichen Stöcken ent-

nimmt, einzuhängen und der obere leere Raum mit Stroh auszu=
füllen, es sei denn, daß man einem zu schwachen Schwarme schon
während des Sommers durch eingefügte Brut= und Honigtafeln,
wodurch man ihn zur schnelleren Verlängerung auch der von ihm
selbst begonnenen Tafeln gleichsam zwingt, zu Hülfe kommen, und
einen Schwächling, der in jeder andern Wohnung zu Grunde ge=
hen müßte, zum besten Zuchtstock erheben will, oder daß man star=
ken Schwärmen bei anhaltender Weide schon im ersten Jahre Raum
nach oben zum Absetzen des reichlich zunehmenden Honigs gewäh=
ren müßte. Geht im nächsten Jahre die Weide und der Wabenbau
an, so ist es keineswegs nöthig, nicht einmal rathsam, überall Stäb=
chen mit Wabenanfängen einzufügen, wo die Vorrichtung dazu vor=
handen ist. Im Hintergrunde, wo das Hauptbrütlager ist, kann
man dies ganz unterlassen; höchstens kann man ein Stäbchen ganz
hinten an der Wand und ein zweites erst gegen die Mitte ein=
fügen und von einem zum andern ein Hölzchen legen, welches die
Bienen einarbeiten und so die langen Bruttafeln gegen Abreißen
desto mehr sichern, obschon diese Tafeln, weil nicht so sehr schwer,
auch an sich fester, nicht so leicht reißen. Nach vorn zu dagegen,
wo mehr der Honig abgelagert wird, wo man auch Honig und
Brut später zu entnehmen gedenkt, muß man wenigstens 12 Zoll
vom oberen Stäbchenrost wieder eine Lage einschieben, damit die
Tafeln, wenn man sie später herauszunehmen versucht, wegen ih=
rer Länge und Schwere nicht abreißen, da man sie, wenn sie un=
ten Brut enthalten sollten, ohne Schaden nicht verkürzen kann.
Wer daher für Ableger und andere junge Stöcke viele Brut= und
Honigtafeln zu entnehmen gedenkt, wird lieber mehr als weniger
Stäbchen einzufügen haben. Wer aber auch seinen Bienenstand
nicht mehr zu vermehren gedenkt, wird an diesen Wohnungen die
bequemsten Zeidelstöcke haben. Man kann unten, vorn und oben
nach Belieben schneiden, ohne leere schädliche Räume zu verursa=
chen, indem man den Belag von dünnen Brettern nach ausge=
räumter oberer Schicht wieder auflegen und den leeren Raum aus=

füllen kann. Man rühmt die Bequemlichkeit des Abhebens voller
Magazinkästchen; für mich ist es weit bequemer eine Tafel nach
der andern von der Seite abzulösen und an dem Stäbchen her=
auszunehmen, als mühsam den Drath zwischen den Aufsätzen
durch zu ziehen, die Bienen in Wuth zu bringen und dann seine
liebe Noth zu haben, die im abgehobenen Aufsatze befindlichen her=
aus zu treiben. Durch Wegnahme eines ganzen Magazinkästchens
kann man auch den Bienen wehe thun, wogegen man in meinen
Stöcken eine beliebige Quantität Honig entnehmen, auch das etwa
zuviel Entnommene stets wieder zurück stellen kann.

Doch was nützte die Bequemlichkeit des Abnehmens, wenn
nicht viel zu entnehmen wäre; aber diese Wohnungen bieten Mit=
tel dar zu bewirken, daß die Bienen die möglichst größte Honig=
menge eintragen. Wie eine Kuh desto mehr Milch liefert, je öfter
und vollständiger sie ausgemolken wird, so liefert auch ein Stock
bei anhaltender Weide desto mehr Honig, je öfter ihm sein Ueber=
fluß entnommen und Raum zur Aufspeicherung frischer Vorräthe
gewährt wird, namentlich aber, wenn ihm bei vorzüglicher Honig=
tracht leere Wachstafeln eingestellt werden, die er schneller fül=
len kann als er sie selbst gebaut haben würde. Mancher Stock
aber hat Bau genug und ist im Herbste leicht, während ein an=
derer bei weniger Bau ein größeres Gewicht besitzt. Das hängt
oft davon ab, wo die Bienen ihr Hauptbrütlager, besonders gegen
Ende der Haupttracht, haben. Je mehr nach unten sie es verlegt
haben, desto mehr Honig wird oben im Haupte sein, weil sie den
Raum oberhalb des Brutlagers vor Allem vollzutragen suchen,
indem sie instinktmäßig wissen, daß dort der Wintervorrath sich be=
findet. In den vorbeschriebenen Wohnungen ist es aber oft sehr
leicht einem Stocke das Brutlager dort anzuweisen, wo man es
haben will. Hat ein Stock geschwärmt, hat man ihm einen
Schwarm abgetrieben oder auch nur die Königin genommen, so
braucht man zu der Zeit, wenn die junge Königin zu legen
beginnen soll, nur recht niedrig ihm eine kleine Tafel mit junger

Brut einzustellen und die Königin wird sicher sich hierher begeben,
von hier aus die benachbarten Zellen und Tafeln mit Eiern be=
setzen und den oberhalb befindlichen Bau den Bienen, um ihn
mit Honig zu füllen, überlassen, wogegen sie sonst vielleicht einen
Fuß höher Eier abzusetzen begonnen und die Bienen veranlaßt
haben würde, vielleicht schon mit Honig gefüllte Zellen zu räumen
und zur Aufnahme von Eiern vorzubereiten.

Ein Stock wird ferner desto reicher an Honig werden, je mehr
er sich mit der Brut auf einen gewissen Theil der Wohnung, auf
eine gewisse Anzahl von Tafeln beschränkt. Die ohne Unterbre=
chung fortgeführten Tafeln besetzt aber die Königin, wenn die Zel=
len erst halb gebaut sind, gewöhnlich schon mit Eiern und macht
sie auf 3 bis 4 Wochen, binnen welcher Zeit die Weide vielleicht
vorüber ist, zur Aufnahme von Honig unfähig. Anders ist dies
mit den durch den Stäbchenrost unterbrochenen Tafeln. Diese zu
besetzen nimmt die Königin Anstand, weil sie unterhalb des Stäb=
chens von den Bienen gleich mehr zur Aufnahme des Honigs ein=
gerichtet, nämlich dicker gemacht werden. Es liegt auch ganz in
des Bienenwirthes Gewalt die Brut auf einen bestimmten Raum
einzuschränken. Es kann dies durch senkrechte Brettchen, durch welche
oder neben welchen Durchgänge für die Bienen angebracht sind
oder auch nur auf die Art geschehen, daß man die wider Willen
mit Brut besetzten Tafeln, um sie Schwärmen einzustellen, her=
ausnimmt und andere nur zur Honigaufnahme eingerichtete dicke
Tafeln dafür einstellt, über welche hinaus das Brutlager nicht
leicht ausgedehnt werden dürfte.

Will man aber, wie bei Magazinstücken, ganze Aufsatzkästchen
mit Honig abnehmen, entweder, um sie leichten Stöcken aufzusetzen
oder Liebhabern des Honigs zuzusenden, so lasse man sich solche
aus ganz dünnen Brettchen anfertigen, welche beliebig lang aber
nur so breit sind, daß sie sich dicht in den Stock hineinschieben
lassen. In solche oben über den Bau nach Entfernung des Be=
lages eingeschobene Kästchen kann man bequem Schwärme abtrei=

ben, kann mit einem Male den Schwarm, der luftig zu gebunden
darin auf einen entfernten Stand leicht zu transportiren ist, in
seine neue Wohnung einschieben, so wie auch eine Wohnung leicht
von Bienen wieder entleeren, indem man sie in ein solches unten
eingeschobenes mit der offenen Seite nach oben gerichtetes Käst=
chen von den Wänden abkehrt oder indem man die Königin ein=
gesperrt hineinbringt und ein mit einer Oeffnung versehenes Brett=
chen darüber legt. Ueber Nacht werden sich alle Bienen zur Kö=
nigin in das eingeschobene Kästchen begeben haben und können so
in jede andere Wohnung geschoben werden. So braucht bei et=
waiger Kopulation auch nicht eine Biene verloren zu gehen. In
einem solchen Kästchen kann auch bei etwas Honig und Kandis
und natürlich auch Wachsbau ein Schwärmchen mit einer Königin
überwintert werden, wenn man es einem starken Stocke oben ein=
schiebt, alle Kommunikationen zwischen beiden Theilen aufhebt und
oben auch ein kleines Flugloch anbringt. Weil Leisten das Ein=
schieben solcher Kästchen hindern würden, so hat auch dies mich
bestimmt, von ihnen gänzlich abzugehen und jetzt in allen neuen
Bienenwohnungen nur Fugen dafür anzubringen, die niemals
hindernd in den Weg treten, vielmehr die ganze Behand=
lung desto bequemer machen, in je größerer Zahl sie vorhanden
sind. Sie machen es möglich das Futterkästchen oder Tafeln mit
Honig und Blumenmehl in jeder Höhe, also auch dicht unter dem
Bau der Bienen auf zwei eingeschobenen Stäbchen anzubringen,
sowie auch einen beliebigen Raum von unten abzuscheiden, indem
man ein Brettchen mit scharfen Kanten in die Fugen einschiebt
oder auf zwei eingeschobene Stäbchen solche Brettchen auflegt.

Die vorzüglichste Eigenschaft der oben beschriebenen Sechs=
beuter ist ihre Wärme im Winter, die eine gute Ueberwinterung
der Bienen zur Folge hat und daß sie sich gegen Beraubung sicher
stellen lassen. Denn zusammengerückt und unten am Fuße rings=
herum auch nur einige Zoll mit Erde beworfen sind sie, einmal

eingefroren, auch ohne jede weitere Verbindung nicht von einander zu trennen also auch nicht leicht zu berauben.

Der sechszehnfächerige Pavillonstock.

Wie schon erwähnt wurde, befinden sich die Bienen in der
Wohnung am besten, in welcher sie gegen die beiden Extreme der
Lufttemperatur, strenge Kälte und große Hitze, den besten Schutz
finden. Diesen Schutz vermögen wohl gewöhnliche vom geeigne-
ten Material verfertigte Wohnungen für einige Zeit zu gewähren,
z. B. die Kälte einer Frostnacht oder die Hitze der während einiger Stunden auf dem Stocke liegenden Sonnenstrahlen nicht sogleich empfinden zu lassen. Dauert aber die Kälte sowohl als die
erschlaffende Schwüle tage= oder gar wochenlang ununterbrochen
fort, so werden die dicksten Massen allmählig davon durchbrungen.
Bei einer um und über 20 Grad sich länger haltenden Kälte werden in den dicksten Klotzstöcken in den noch so dick gemachten Strohkörben nicht nur die Wände, sondern auch die Tafeln bis an den
Sitz der Bienen mit dickem Reif überzogen, indem die Bienen
aus ihrem dichten Haufen, und dies zu ihrem Vortheil, zu wenig
Wärme ausströmen lassen, um das zu ersetzen, was nach allen
Seiten hin entzogen wird. Nur auf die Erde wegen ihrer großen
und ununterbrochenen Masse vermag die Temperatur der Luft nicht
gar tief einzuwirken, so daß in einer nicht gar großen Tiefe der
Wärmegrad Sommer= und Winterszeit derselbe bleibt. In und
an der Erde suchen daher auch die meisten lebenden Wesen für
den Winter Schutz gegen die Kälte. Hier werden auch die Bienen sowohl gegen strenge Kälte wie gegen die verführerischen Sonnenstrahlen verwahrt. In Podolien und andern Gegenden Ruß-
lands bringt man die Bienenstöcke für 5 bis 6 Monate in große
Erdgruben und hat durch lange Erfahrung dies für höchst vortheilhaft erkannt. Je länger die Bienen in der Winterruhe erhalten
werden können, je weniger sie den Wechsel der Witterung empfin-

den, desto weniger verzehren sie und desto stärker werden sie das
Frühjahr erleben. Auf gleiche Weise bietet im Sommer die Erde
den besten Schutz gegen die Einwirkung der Hitze.

Keller und Erdhöhlen sind bekanntlich im Winter wärmer,
im Sommer kühler als die äußere atmosphärische Luft. Nun
kann man zwar Bienenstöcke für den Winter, da die Bienen nicht
fliegen, in Keller und Erdlöcher schaffen, im Sommer verbietet
sich dieses von selbst. Statt aber die Bienenstöcke in die Erde zu
schaffen, könnte man vielleicht Luft von der Erdtemperatur zu ihnen herauf leiten, da es nicht auf den Ort sondern einzig darauf
ankommt, welchen Temperaturgrad die Luft besitzt, welche auf die
Bienen einwirkt. Wäre dies zu bewirken möglich, so würde man
den Bienen, ohne sie von der Stelle nehmen zu dürfen, nicht nur
den großen Vortheil des Vergrabens oder des Versetzens in ein
frostfreies Lokal zuwenden, sondern auch durch Zuführung kühler
Luft bei großer Hitze ihren Fleiß außerordentlich steigern und den
vollkommensten Lüftungsapparat besitzen. Denn die Lüftung ist wir-
kungs- und zwecklos, wenn eben so heiße Luft in den Stock von
außen einströmt, als die ist, welche herausgetrieben wird.

Den Zweck, die Bienenwohnungen in möglichste Kommuni-
kation mit der Erde zu bringen, von hier aus einen im Winter
wärmenden im Sommer kühlenden mäßigen Luftstrom zu bewirken,
glaube ich auf die vollkommenste Weise erreicht zu haben durch
die Konstruktion des eben zu beschreibenden Stockes, den ich in
Ermangelung einer andern passendern Bezeichnung einstweilen meinen Pavillonstock nennen will. Es ist dies eigentlich nicht ein
Stock, sondern eine Verbindung oder Zusammenstellung von vier
verschiedenen unter einander ganz gleichen stehenden Kastenstöcken
zu einem größeren Ganzen, einer Art Sommerhäuschen. Stehende
Vierbeuter, in denen die vier Fächer eine ähnliche Lage haben, wie
die vier Flügel eines Fensters, nämlich zwei oben und zwei unten,
passen dazu besonders. Die Höhe, Breite und Tiefe der einzelnen

Fächer kann genau so sein, wie bei den vor beschriebenen Sechs=
beutern. Die Fluglöcher jedoch werden bei diesen nicht tief im Hin=
tergrunde, sondern gleich vorn an der Thüre in der entsprechenden
Seite und in der dort bezeichneten Höhe angebracht, so daß das
obere von dem untern etwa 36 Zoll zu stehen kommt. Auch die
äußeren Wände brauchen bei diesen Stöcken keineswegs stark und
warm zu sein, sondern können aus ganz gewöhnlichen 1 bis an=
derthalb Zoll starken Brettern bestehen und die den Thüren gegen=
über liegende Wand kann aus quer aufgenagelten dicht zusammen
gestoßenen Stücken gewöhnlicher Zollbretter gebildet werden. In
dieser Wand werden der Zugluft wegen aus jedem der vier Fächer
mehrere Ritze mit einer Lochsäge wagerecht eingeschnitten und zwar
dicht über dem Boden einer oder auch zwei, eben so oben dicht
unter der Decke, dann 6 und wieder 12 Zoll von oben, damit be=
sonders der obere zum Honig bestimmte Raum im Sommer mög=
lichst abgekühlt werden kann.

Die Aufstellung der vier Stöcke geschieht nun auf folgende
Weise. Auf einem zwar freien, durch Gebüsch, Zäune, Mauern
oder Gebäude aber gegen Winde geschützten Rasenplatze wird eine
kleine viereckige etwa drei Fuß tiefe und so weite Grube gemacht,
als die Stöcke äußerlich breit sind, also etwa 24 Zoll, und,
damit sie nicht zufalle oder von Maulwürfen verschüttet werde,
mit Steinen, Dach= oder Maurerziegeln oder, was das Beste wäre,
mit gußeisernen Platten ausgelegt oder ein größeres eisernes Ge=
fäß, etwa ein großer unbrauchbar gewordener irdener oder eiserner
Topf eingesenkt. Um diese Oeffnung werden die vier Ständerstöcke
mit der den Thüren entgegengesetzten mit Ritzen versehenen Seite
so zusammen gestellt, daß sie einen viereckigen Raum einschließen,
der gleichsam eine Fortsetzung der gedachten Erdgrube ist und,
wenn von allen Seiten dicht geschlossen, einem theils unter theils
über der Oberfläche der Erde befindlichen kleinen Keller gleicht.
Die Stöcke können natürlich nicht auf die bloße Erde zu stehen

4

kommen, sondern auf untergelegte oder untergemauerte Ziegeln oder
ein hölzernes Gerüst aus vier etwa 5 Fuß langen zu einer Art
Kreuz (siehe Fig. 4) verbundenen Riegelstücken. Die vier Stöcke
mit den Thüren nach den vier verschiedenen Himmelsgegenden ge=
richtet, bilden jetzt eine Art Kreuz. Um sowohl den innern keller=
artigen Raum von der äußern Luft desto besser abzuschließen, als
auch die einfachen kalten Wände des Stockes wärmer zu machen,
brauchte man in die vier äußeren Winkel oder Ecken des Kreuzes
nur Stroh, das durch vorgenagelte Leisten gehalten würde, so ein=
zufügen, daß grade nur die vorn, dicht an den Thüren, befindlichen
Fluglöcher frei bleiben. Weil aber zu dem Stroh die Mäuse freien
Zutritt und darin die bequemsten Verstecke hätten, auch des schö=
nern Aussehens und größerer Dauerhaftigkeit wegen ist es besser,
die dreieckigen mit jedem beliebigen schlechten Wärmeleiter auszu=
füllenden Räume wenigstens durch dünne Wände vollkommen ab=
zugrenzen und abzuschließen. Zuerst also füge man unten, in glei=
cher Höhe mit den Bodenbrettern der Stöcke, Brettstücke von der
Form rechtwinkeliger Dreiecke ein. Um aber die darüber sich er=
hebenden Wände, gleichviel ob man sie aus dünnen Brettchen in
stehender oder in Querlage herstellen will, bequem anzubringen,
auch um den Theil der Seitenwände der Stöcke, welcher der Flug=
löcher wegen frei bleiben muß, wärmer zu machen, nagle ich zoll=
starke aber 4 bis 5 Zoll breite Bretter oder Latten von der Länge
als der ganze Stock hoch ist, auf, so daß also die Fluglöcher durch
diese Latten hindurch gehen und darin eingeschnitten werden müs=
sen. Nach vorn, wo die Thüren sind, springen diese äußerlich auf=
genagelten Brettstreifen etwa einen Zoll vor zu dem Zwecke, daß
man vor die vier einzelnen Thüren eine sie alle zugleich bedeckende
den Schlagregen abhaltende große Thüre, einem Fensterladen gleich,
dazwischen einfügen und durch Wirbel oder Nägel befestigen kann.
Die großen äußeren Thüren werden nicht an Bändern befestigt,
weil sie geöffnet zwei Fluglöcher bedecken und bei längeren Ope=
rationen die Bienen am Einflug hindern würden, sondern werden

nur eingestellt. Unten stehen sie entweder auf den Unterschwellen oder auf einem dazu eingerichteten Vorsprung des Bodenbrettes, den auch oben die Decke der Vierbeuter haben kann, so daß also die gemeinschaftliche Thüre zwischen die Vorsprünge der seitwärts angenagelten Bretter, dann des Bodens und der Decke so eingefügt wird, wie etwa inwendige Fensterladen zwischen die vorspringenden Fensterfutter. Die andere Kante der aufzunagelnden Bretter wird schief unter einem halben rechten Winkel abgehobelt, so daß die Fläche dieser Kante in die Richtung der herzustellenden Wand zu liegen kommt. Es muß also die schmälere Seite dieser Bretter oder Latten an den Stock, die breitere nach außen zu liegen kommen. (Siehe Figur 5.) So entstehen in den zu verbauenden Winkeln des durch die Stöcke gebildeten Kreuzes an den Wänden Absätze a. a., hinter welche man nur Brettchen von entsprechender Länge, etwa 20 Zoll, oder auch Schindeln, diese natürlich mit den Fugen nach unten gerichtet, über einander einschieben kann, bis die Wand die Höhe der Stöcke selbst erreicht hat. Oder man kann aus 2 oder 3 dünnen Brettern eine Art Laden bilden und diese nach scharf zugehobelten Kanten hinter die gedachten Vorsprünge schieben. Jeder Bau nimmt sich aber schöner aus, wenn er am Fuße, wie z. B. jeder Ofen, etwas umfangreicher ist. Bei dem in Rede stehenden Bau hat dies auch den Nutzen, daß ihm die Erdtemperatur desto mehr zu Gute kommt, je größer seine ganze Grundfläche ist. Wird der schiefe Sims, wo der Umfang sich vermindert, grade unter den unteren Fluglöchern angebracht, so haben die Bienen auch einen sehr bequemen Anflug.

Es wird also zuerst ein etwa 5 Zoll längeres (also 25 Zoll langes) Brett unten in jedem Winkel angepaßt. Es muß so breit sein, daß es bis gegen die unteren Fluglöcher hinaufreicht, also etwa einen Fuß. Ueber dieses kommt nun das den Sims bildende schiefe Anflugbrett und erst über diesem erhebt sich die vorbeschriebene, hinter die Brettvorsprünge einzufügende Wand, wobei zu be-

4 *

rücksichtigen ist, daß die anschlagende Feuchtigkeit nirgends einflie=
ßen kann, sondern nach auswärts gehörig abgeleitet werde. Vor
Herstellung der ganzen Wand stopfe man den Raum am Fuße,
wo er weiter ist, schon jetzt mit Hobelspänen, Sägemehl, Flachs=
abgängen, Moos, Stroh u. dgl. aus, vermenge es aber unten mit
Asche oder sonst etwas, was die Ameisen abzuhalten geeignet ist,
weil sich diese hier leicht einnisten könnten. Der übrige obere
Raum kann auch später von oben ausgefüllt werden. Unter die
oberen Fluglöcher werden des bequemeren Einflugs wegen gleich=
falls Brettchen schief angenagelt. Zur vollkommenen Abschließung
sowohl des mittleren viereckigen als der ausgestopften vier dreiecki=
gen Räume wird oben eine große runde oder achteckige Brett=
scheibe aufgelegt, die zugleich das Dach trägt und mit bildet. Es
kann dieses runde oder kuppelähnliche Dach entweder von Schin=
deln oder Brettern und theilweise von Blech gemacht werden.
Giebt man wenigstens oben in der Mitte eine größere Eisenblech=
oder Zinkplatte, so braucht das Dach nicht so hoch gemacht zu
werden und man erspart etwas an Brettern. Ein Anstrich mit
Firniß oder Oelfarbe vermehrt nicht nur das schöne Ansehen, son=
dern auch die Dauerhaftigkeit sowohl des Daches als aller übrigen
äußern Wände. Ueber die zu wählenden Farben ist schon oben
das Nöthige gesagt worden.

Ein solcher Stock, auf einem freien schönen Rasenplatze auf=
gestellt, gewährt einen wahrhaft reizenden Anblick, namentlich, wenn
die Bienen, nach allen Richtungen ausfliegend und anfliegend in
voller Thätigkeit sind. Aber nicht minder groß ist seine Zweckmä=
ßigkeit nach jeder Beziehung hin. Er ist wohlfeil und leicht her=
zustellen, weil es dazu keiner auserlesenen Bohlen sondern ganz
gewöhnlicher Bretter bedarf, da die dicke Schicht wärmenden Ma=
terials, welche an die Wände äußerlich kommt, sie wärmer macht,
als die dickste Strohwohnung sein kann und sie würden aus
Töpferthon bereitet und aus Kacheln zusammengesetzt oder dünnen
Ziegeln aufgeführt nach meiner Ueberzeugung noch hinreichend warm

sein. Denn für den Winter kann man den Fuß des Stockes mit einer Satzwand von Streu, Laub, Flachsschiefern u. dgl. bis unter die unteren Fluglöcher umgeben, ja man könnte den ganzen Stock mit Stroh oder Schilf einhüllen, ihn förmlich vergraben, da es den Bienen an Luft von dem innern Raume aus nicht fehlen würde, wohin man außer den gedachten Ritzen ein förmliches Ausgang= um nicht zu sagen Flugloch, aus jedem Fache anbringen könnte. Damit die des Lüftens wegen zufällig dort ausgehenden Bienen nicht hinunter stürzten und verloren gingen, könnte durch ein Gitter von Drath oder Weidenruthen verhindert werden. Eine solche für den Winter gegebene und erst dann zu entfernende Einhüllung, wenn die Luft allgemein warm ist, würde jedenfalls außerordentlich vortheilhaft sein. Denn von den nutzlosen Ausflügen vom Dezember bis März lassen sich die Bienen, wenn anhaltende Wärme eintritt, nur durch die Finsterniß abhalten. Ein wenn auch verkleinerter Ausgang muß den Bienen stets offen stehen, daß sie, zufällig sich enthäufend, auf den Stock herauskommen können. Finden sie es finster, so locken sie sich alsbald zur Ruhe zusammen, während sie sich abgesperrt sehend, in immer größeren Aufruhr gerathen, sich mit Gewalt hervordrängen und endlich zu Tode martern würden. Doch auch ohne jede Einhüllung werden die Bienen mehr die Temperatur von Innen als von Außen empfinden und von den Veränderungen der atmosphärischen Luft wenig gewahrwerden. Ich fand sie auch an den kältesten Wintertagen so ruhig und lautlos, wie andere Bienenstöcke bei ein paar Wärmegraden. Um die Bienen allen äußern Einflüssen möglichst zu entziehen, verenge ich nicht nur das Flugloch, sondern stelle in jedes Fach, nachdem ich die drei vordern Tafeln herausgenommen habe, eine kleine Strohmatte oder eine Strohschicht so ein, daß sowohl die Luft als die Bienen vom Flugloche aus erst durch einen hinter demselben an der Wand befindlichen Ritz in ihren Bau und ihr Lager gelangen.

Um die Bienen desto länger in das Frühjahr hinein in Ru=

he zu erhalten, könnte man vielleicht in die unter dem Stocke befindliche Erdgrube Eisstücke oder auch Schnee bringen, also einen kleinen Eiskeller daraus machen, sowie man auch durch eingebrachte erwärmte Steine oder Ziegeln die Temperatur wiederum beliebig erhöhen könnte. Für diesen Fall müßte aber von der einen Seite zu jener Grube ein Kanal oder Graben führen, dessen Ausgang leicht zu verstopfen wäre. Wollte man aber, vielleicht im Frühjahr bei beginnender Brutzeit, die Bienen dem Einflusse der Erdtemperatur ganz entziehen, so wäre es nur nöthig, auch den innern Raum mit einem schlechten Wärmeleiter, etwa mit Stroh oder Heu auszufüllen. Um dies bequem ausführen, auch die von den Bienen mit Harz verstopften Ritze bequem wieder frei machen zu können, habe ich mir den Zutritt zu dem innern viereckigen Raume auf die Art möglich gemacht, ohne das Dach aufheben zu dürfen, daß ich auf der einen Seite statt eines Vierbeuters zwei Doppelstöcke über einander stellte, die zusammen genau einem Vierbeuter gleichen. Die beiden Latten, welche die in den Ecken angebrachten Wände halten, auch das Dach stützen, sind nur an den untern Doppelstock angenagelt, und der obere eine Kleinigkeit äußerlich schmälere läßt sich ungehindert hervorziehen und wieder einschieben und dient so gleichsam als Thüre zu dem oft erwähnten Raume, um in seltenen Fällen nachzusehen und das etwa Nöthige zu besorgen.

Wie wohl sich die Bienen bei großer erschlaffender Hitze in den beschriebenen Wohnungen befinden müssen, bedarf kaum einer Erwähnung. Während andere müssig vorliegen, fahren sie im fleißigen Eintragen und Arbeiten gleichmäßig fort und arbeiten, wie in allen kühlen Stöcken, ganz besonders auf Vermehrung der Honigvorräthe hin, wogegen die in warmen Wohnungen nur mit der Brut sich immer weiter ausbreiten. Wegen der starken Abkühlung des obern Honigraumes wird sich die Königin nicht leicht hierher versteigen und ich glaube sie noch sicherer davon dadurch abzuhalten, daß ich statt des an den Durchgängen nach oben besindlichen Belagsbrettchens für den Sommer Eisenblech oder Stücke gezogenen Eisens gebe, welche in den mittleren Kühlraum durch die Ritze etwas vorspringen und als gute Wärmeleiter ihrer ganzen Länge nach sich kühl halten werden.

Statt vier Vierbeuter könnte man auch vier Sechsbeuter, jedoch solche, welche zwei Fächer neben einander in drei Stockwerken enthalten, zusammen stellen und so einen um die Hälfte höheren Pavillonstock für 24 Bienenvölker erhalten. Die Fluglöcher der Fächer des obersten Stockwerkes müßten dann aber möglichst hoch, die des untern möglichst niedrig, die des mittleren in der Mitte angebracht werden, damit eines von dem andern soweit als möglich zu stehen komme. Die Stöcke müßten dann aber gegen zwei Fuß höher gemacht werden und die oberste Reihe wäre vom Boden aus nicht mehr so bequem zu behandeln. Sechzehn für mich und für die Bienen bequeme Wohnungen sind mir lieber als 24 weniger bequeme, und auch jene Zahl Bienenstöcke bildet schon einen mäßigen Bienenstand, zu dessen Aufstellung bei gewöhnlichen Wohnungen eine Hütte erforderlich wäre, die wahrscheinlich allein mehr kosten würde, als ein solcher beschriebener Pavillonstock, welcher den Stand, die Bienenwohnungen, das zweckmäßigste Ueberwinterungslokal und den wirksamsten Lüftungsapparat, Alles unter Einem, in sich enthält, also Alles dieses entbehrlich macht, wenig Platz einnimmt, und dabei einem Garten zur wahren Zierde gereicht.

Ein solches Bienenhäuschen läßt sich auch bei etwaigen Wohnungsveränderungen leichter fortschaffen, als eine gewöhnliche Bienenhütte, da es nur aus seinen Theilen zusammengefügt ist und höchstens die wenigen Brettchen unter den Fluglöchern angenagelt sind. Die Fortschaffung könnte noch erleichtert und dann selbst Wanderbienenzucht damit betrieben werden, wenn statt der Vierbeuter überall zwei übereinander gestellte Doppelstöcke genommen würden, welche sich durch die zu beiden Seiten angebrachten und allenfalls mit Holzschrauben angezogenen Latten zu einem Ganzen leicht verbinden lassen.

Wer jedoch in Stöcken, die meiner Methode angepaßt sind, regelmäßig Wanderbienenzucht betreiben will, wird sich am besten an die liegenden Doppelstöcke halten, in denen nämlich die beiden Fächer der ganzen Länge nach neben einander liegen, und die in meiner „Theorie und Praxis" durch die Fig 5 u. 6 veranschaulicht werden. Den obersten der drei oder vier über einander gestellten Doppelstöcke kann ein doppelter Thorstock bilden, dem sich seiner gewölbten Decke wegen das Dach besser aufsetzen läßt oder auf dessen Thürbogen sich die drei das Dach bildenden Bretter selbst nageln lassen, so daß man sich besondere Sparren- oder Kniehölzer erspart. (Fig. 2.)

Die vierbeutigen Lagerstöcke, von denen sich zwei oder drei auch sehr bequem über einander setzen lassen, mache man, da sie nur von einer Seite zugänglich sind, nicht zu tief und lieber fast eben so hoch. Zwanzig Zoll tief, 18 Zoll hoch und 9 bis 10 Zoll breit scheinen sie am angemessensten. Zwölf Zoll von unten kann der Brut-, 6 Zoll der Honigraum hoch sein.

Was die in meiner Bienenschrift weiter besprochene etwas complicirte Zusammenstellung zweier und mehrerer Bienenwohnungen zu einem größeren Ganzen betrifft, so wird diese durch die vorbeschriebene viel zweckmäßigere Verbindung modificirt und unnöthig gemacht.

Die versprochenen Versuche mit Lehmstöcken habe ich noch nicht gemacht. Denn bald nach dem Erscheinen meiner Schrift sind meine Bienenstände von der schrecklichen, von dem Bienenpfleger einzig zu fürchtenden Faulbrutseuche heimgesucht worden, so daß ich, nur bemüht, meine bewährten Bienenwohnungen wieder zu besetzen, nicht sonderliche Lust hatte, Schwärme Versuchen zu opfern. Doch zweifle ich nicht, daß Stöcke von Thon oder Lehm, gebrannten sowohl als ungebrannten, nach Art des Pavillons aufgeführt sich als zweckmäßig bewähren werden. Die Fugen zwischen den natürlich mit der schmalen Seite auf einander zu stellenden Ziegeln würden zum Einschieben der Stäbchen dienen können. Indessen würden wenigstens die den benachbarten Fächern gemeinschaftlichen Wände, an welchen die beiden Völker der gegenseitigen Erwärmung wegen so gern ihr Winterlager nehmen, von Brettern zu machen sein. Da sich die leeren Räume oberhalb wie unterhalb des Winterlagers der Bienen mit Stroh oder sonst einem schlechten Wärmeleiter ausfüllen lassen, die Wärmeleitung der hinteren Wand sogar bezweckt wird, vorn eine oder gar zwei Thüren Schutz verschaffen, die äußere Seitenwand aber durch die außerhalb daran stoßende Schicht warmhaltenden Materials ebenfalls nicht viel Wärme entweichen lassen kann, so werden die Bienen im Winter wenigstens eben so warm sitzen, als in jeder andern Wohnung, im Sommer aber sich vorzüglich wohl darin befinden, da die hintere Wand auch ohne Luftzug, die Hitze eben so fortwährend mildern, wie sie im strengen Winter, was der Wohnung von Außen an Wärme entzogen wird, fortwährend durch Heraufleitung der Erdwärme ersetzen wird. Sollte ein Bienenfreund einen derartigen Bau in etwas größerem Umfange aufzuführen Willens sein, so könnte er ihn etwa für 36 Bienenvölker auf die Art herstellen, daß er sechs Sechsbeuter natürlich nicht um einen viereckigen, sondern regelmäßig sechseckigen Raum errichtete, ähnlich wie auf den von den Bienen gebauten Tafeln an jede ihrer sechseckigen Zellen sechs andere mit einer Seite anstoßen. Es müßte aber einem solchen Bau ein verhältnißmäßig größerer Umfang gegeben werden, damit die Fluglöcher, deren statt acht jetzt zwölf in demselben Stockwerke sich befinden, immer gehörig weit, gegen zwei Fuß, von einander kommen. Daß die Stöcke mit den hinteren Ecken an einander stoßen, ist gar nicht nothwendig, sie können, um einen größeren Umfang zu gewinnen, auch einige Zoll von einander abstehen, da sich der Abstand durch Latten, Bretter, Lehm und anderes Material ausfüllen und so der innere Raum umgrenzen läßt. Statt des einen Sechsbeuters könnte auch ein Thürfutter mit einer Doppelthüre, einer äußeren und inneren angebracht werden, durch welche man bequem in den inneren Raum gelangen, durch Glasscheiben die Bienen beobachten, durch gewisse Oeffnungen Futterkästchen einschieben, die Stöcke reinigen, allenfalls auch Honig entnehmen könnte, natürlich beim Kerzenlicht, da des Tageslichtes durch die Thüröffnung wohl zu wenig eindringen würde. Das Füttern ist ohnehin besser nach eingetretener Dunkelheit oder Abends vorzunehmen, damit keine Biene mehr abfliege und verloren gehe, was in der Dämmerung noch häufig geschieht. Daß dann, um alle diese Verrichtungen bequem vornehmen zu können, über der Erdgrube eine Art Gitter von Eisenstäben oder Latten anzubringen wäre, auch daß die beiden Thüren sowohl bei großer Kälte als großer Hitze sorgfältig geschlossen werden müßten, allenfalls der Zwischenraum noch mit Stroh auszufüllen wäre, bedarf kaum einer Bemerkung. Auch versteht es sich von selbst, daß unter der als Decke aufgelegten Brettscheibe, wo sie nicht dicht aufliegt, alle Ritze zu verstopfen sind, auch diese Decke selbst durch theilweises Ausfüllen des hohlen Raumes unter dem Dache möglichst warm gemacht werden muß, damit nicht zuviel Wärme nach oben verloren gehe oder gar die warmen Dünste an der kalten Decke tropfbar werden und Feuchtigkeit erzeugen.

Ueber die innere Vorrichtung der Bienenwohnungen.

In dem Vorhergehenden ist das Aeußere der Bienenwohnungen, das Material, die Art ihrer Herstellung und Zusammensetzung besprochen worden. Je nachdem in der Gegend das eine oder andere Material leichter zu haben ist, je nachdem entweder Gartenbienenzucht getrieben wird oder Wanderungen mit den Bienenstöcken unternommen werden, mag der eine Bienenwirth diese, der andere jene Art der Bienenwohnungen wählen. Die innere Einrichtung und Vorrichtung derselben bleibt indessen immer dieselbe welche darin besteht, daß etwas höher als in der Hälfte der Höhe

der ganzen Wohnung ein Rost von soviel Stäbchen, als Wachs=
tafeln gebaut werden können, in die zwei einander genau gegen=
über liegenden Fugen eingeschoben werden. Damit diese zollbrei=
ten und ¼ Zoll dicken Stäbchen die erforderliche Entfernung von
½ Zoll von einander behalten und sich nicht vorschieben, haben
viele Bienenfreunde vorgeschlagen, sie in zolllange und ¼ Zoll
von einander entfernte Einschnitte einzulassen. Dies würde aber
das Herausnehmen der Tafeln sehr erschweren, weil sie erst geho=
ben und dann erst nach der Seite gewendet werden könnten, wo=
bei sie, weil vielleicht noch nicht ganz gelöst, abgebrochen werden könn=
ten. Auch kann eine dickere Honigtafel, die man statt einer dün=
nen vielleicht einstellt, nicht so herangeschoben werden, da sie mehr
Platz erfordert. Man muß es also ganz in seiner Gewalt haben,
jede Tafel beliebig weit vor= und zurückschieben zu können, was
bei vorhandenen Einschnitten nicht möglich wäre. Zweckmäßiger
wäre es, wenn man einmal den Stäbchen eine feste Lage zu geben
wünscht, an beiden Enden kleine ¼ Zoll betragende Absätze zu
lassen, d. h. die Stäbchen ursprünglich 1½ Zoll breit zu machen
und dann in der Mitte zu beiden Seiten ¼ Zoll auszuschneiden.
So würden die Stäbchen, mit diesen Absätzen an einander sto=
ßend, in der Entfernung eines halben Zolles von einander gehal=
ten und niemals sich zusammen schieben. Zwei in die eine Kante
eines jeden Stäbchens eingeschlagene einen halben Zoll vorstehende
Stifte würden denselben Dienst leisten. Ich finde dieses Alles
nicht nöthig, da die ordentlich eingefügten Stäbchen von den Bie=
nen bald etwas angekittet und die daran hängenden Tafeln angebaut
werden, daß ein Verschieben derselben selbst beim Verführen der
Stöcke nicht leicht möglich wird. Die Bienen bauen die Stäb=
chen auch an die Brettchen, womit man den ganzen Stäbchenrost
belegen muß, um die Bienen von dem oberen Raum einstweilen
abzuhalten, nur gar zu fest an, daher es besser ist, diesen Belag
aus mehrern schmälern Brettchen zu bilden, die sich einzeln besser

entfernen laſſen, als wenn ein Brettchen von der vollen Breite der Wohnung aufgelegt wurde.

Damit die Bienen die Tafeln genau mitten an den Stäbchen bauen, muß man die geringe Mühe ſich nicht reuen laſſen, ein jedes vorher mit einem kleinen Anfange, wenigſtens einem zollbreiten Streifen einer Wachstafel, zu verſehen. Dies braucht nur ein für allemal zu geſchehen. Nimmt man die Tafeln einſt mit Honig gefüllt heraus, ſo braucht man nur einen kleinen Anfang am Stäbchen ſeiner ganzen Länge nach zu laſſen, kann den darin befindlichen und daran hängenden Honig jungen Stöcken ablecken laſſen und dann die Stäbchen zum künftigen Gebrauche aufbewahren. Man habe aber Acht darauf, daß die Wachsmotte, beſonders die kleinere Art, das daran befindliche Wachs nicht zerfreſſe. Man ſchichte ſie nicht aufeinander, beſonders an einem warmen dumpfigen Orte. Im Bienenſtocke ſelbſt, etwa in den unteren Fugen der Wohnung eines ſtärkeren Bienenvolkes eingeſchoben, würden ſie im Frühjahr und Vorſommer, da die Gefahr der Zerſtörung durch Motten am größten iſt, am ſicherſten aufbewahrt werden.

Ich bin oft mündlich und ſchriftlich darüber gefragt worden, wie überhaupt die leeren Wachstafeln am beſten vor den Motten zu verwahren ſein. Man ſchichte ſie nicht auf einander auf, ſondern ſtelle ſie einzeln an einen möglichſt kühlen und luftigen Ort hin oder hänge ſie auf. Das Beſte aber iſt, ſie nicht lange liegen zu laſſen, ſondern ſobald als möglich zu verwenden. Hängt man ſie, nachdem man ſie an die Stäbchen befeſtigt hat, den alten Stöcken ſeitwärts, oberhalb oder unterhalb ein, ſo werden ſie hier nicht nur rein gehalten, ſondern auch von den Bienen noch feſter angebaut. Geringe Beſchädigungen haben auch nichts zu bedeuten, da die Bienen ſie leicht wieder ergänzen und ausbeſſern. Um in den Wachstafeln enthaltene Mottenbrut zu entfernen und zu zerſtören, iſt ein gewiſſer Hitzegrad das einfachſte Mittel. Dieſem werden die Wachstafeln leicht dadurch ausgeſetzt, daß man ſie in die Sonne legt; nur muß man darauf achten, daß die Wachstafeln nicht schmelzen, was bei stark brennenden Sonnenstrahlen sehr schnell geschehen kann.

Um sich möglichst viel leere Tafeln zu verschaffen, kann man im Frühjahr bei beginnender Höschentracht den Bau der Stöcke von unten ziemlich stark, bis auf die Brut, beschneiden. Obschon dieses viele Bienenzüchter widerrathen, so hat mich vielfache Erfahrung belehrt, daß dieses scharfe Beschneiden nicht nur unschädlich, sondern sogar nützlich ist, daß die Bienen dann viel fleißiger sind, die Brut besser gedeihet, und ein beschnittener Stock den gleich starken aber unbeschnitten gelassenen gewöhnlich übertrifft. Es hat das Beschneiden bis an die Brut auch den Nutzen, daß man eine etwaige Fehlerhaftigkeit eines Stockes eher bemerkt, wenn man z. B. keine gute Brut findet, der Stock auch seinen Bau zu ergänzen keine Anstalt macht, während andere Stöcke schon ihre Bruttafeln verlängert haben.

Ich pflege auch im Sommer die getheilten Stöcke oder Mutterstöcke zu beschneiden, wenn fast alle Brut ausgelaufen ist und gewinne so wieder eine Menge Wachstafeln, die ich für die späteren Trieblinge und Nachschwärme mit Nutzen sogleich verwenden kann. Solche Tafeln, die bereits zur Brut gedient haben, den jungen Stöcken seitwärts einzuhängen, ist deshalb vortheilhaft, weil dadurch ihr Bau, der seiner Zartheit wegen für den Winter etwas kühl ist, viel wärmer gemacht wird. Ich beschneide den Bau mancher Mutterstöcke schon zu der Zeit, wenn sich die zuerst ausgeschlüpfte Mutter vernehmen läßt und gelange so zu einer Menge junger im Auslaufen begriffener Mütter, z. B. in Klotzbeuten. Die in den Tafeln noch häufig befindliche Bienenbrut ist nicht verloren, wenn man die Tafeln wieder alsbald einem andern Stocke einstellt. Mutterstöcke mit zu altem Bau können zu der Zeit, wenn die meiste Brut ausgekrochen ist, am besten verjüngt werden, indem man die Tafeln bis auf den oben befindlichen Honig verkürzt, oder, wenn Hoffnung vorhanden ist, daß sich die Bienen noch gehörig anbauen werden, ganz ausschneidet.

Auch hier hat wenigstens ein mäßiges Beschneiden des Baues den
Nutzen, daß man es eher bemerkt, wenn die junge Königin verlo=
ren gegangen wäre. Der Stock baut dann entweder gar nichts
an oder nur Drohnenzellen, während, wenn die Mutter vorhanden
und fruchtbar geworden ist, bei gehöriger Volkesstärke die Brutta=
feln ordentlich ergänzt und auch alsbald mit guter Brut besetzt
werden.

Bei diesem Beschneiden oder gänzlichen Ausschneiden der ab=
getriebenen oder auch nur ihrer Mutter beraubten Stöcke habe ich
in den vielen hundert Fällen niemals Drohneneier oder Maden
in den Brutzellen gefunden, was schon evident mir beweisen würde,
daß die Königin auch die Drohneneier legt, wenn ich sie nicht
schon mehr als zwanzigmal dabei beobachtet hätte.

Schwärme und Ableger.

In meiner in der „Theorie und Praxis" ausgesprochenen An=
sicht, was natürliche und künstliche Schwärme betrifft, bin ich durch
die Erfahrungen der letzten Jahre nur noch mehr bestärkt worden.
Ableger geben den freiwilligen Schwärmen in keiner Beziehung
nach, und da sie zu jeder beliebigen Zeit gemacht werden können
und auf vernünftige Weise gebildet sicher gerathen, so sind sie den
unsicheren Schwärmen unbedingt vorzuziehen. Wer namentlich sei=
nen Bienenstand vermehren, entstandene Lücken ausfüllen will, wä=
re ein Thor, schwarmfähige Stöcke ungetheilt zu lassen und nicht
nur den größeren Ertrag, den er gewinnen könnte, sondern auch
das Kostbarste, die Zeit, ganze Jahrgänge zu verlieren, ehe er zu
der gewünschten Zahl von Bienenstöcken kommt. Schreitet er bei
Zeiten zum Abtreiben, so wird er, wenn er die Mutterstöcke nicht
zu sehr schwächt, sondern zu den Trieblingen lieber Bienen aus
andern Stöcken zuschüttet, auch freiwillige Schwärme, nämlich
Nachschwärme desto sicherer erhalten, wenn er es nicht vorzieht,
durch nochmalige Theilung des Mutterstocks den Nachschwärmen
vorzukommen. Das einzige Unbequeme beim Abtreiben ist, daß

man den Triebling, um den Mutterstock auf seinem alten Platze
stehen lassen zu können, auf einen entfernten Stand schaffen muß.
Obschon dies eine Kleinigkeit ist, hat es doch für den, der nur ei=
nen Stand besitzt, auch keine Gelegenheit hat, mit einem Freunde
in der Nachbarschaft die Trieblinge auszutauschen, seine unange=
nehmen Umstände. Ließen sich diese nicht vermeiden? O ja.
Wenn es gelingt, den abgetriebenen Schwarm, nachdem er auf
dem Siebe oder im Transportkästchen einige Zeit ruhig zugebracht
hat, zum Auffliegen und Herausschwärmen zu veranlassen, wobei
die Königin der Sicherheit wegen eingesperrt bleiben kann, so ha=
ben die Bienen von ihrer bisherigen Wohnung für immer Ab=
schied genommen und können in demselben Garten in jede beliebi=
ge Wohnung gethan werden, wie jeder freiwillige Schwarm. So
wie nämlich der am Baume hängende Schwarm nach kürzerem
oder längerem Verweilen, je nachdem sein Zustand mehr oder we=
niger erträglich ist, endlich auffliegt, so thut es auch ein Trieb=
ling. Zwei derselben habe ich durch brennende Sonnenhitze, der
ich sie aussetzte, in kurzer Zeit zum Herausschwärmen veranlaßt.
Durch unangenehme ihnen widerliche Gerüche ließe sich dies viel=
leicht noch eher und sicherer erreichen. Durch eine Portion einem
wirklichen Schwarme entnommener und einem andern Volke bei=
gegebener Bienen läßt sich auch diesem die Schwarmlust und
Schwarmhitze beibringen und dasselbe zum Herausschwärmen ver=
anlassen. Ein Volk, das einige Zeit eingesperrt war und sich et=
was erhitzt hat, pflegt bei nächster Gelegenheit sehr gern aufzuflie=
gen und heraus zu schwärmen. Damit aber die Bienen, statt als
Schwarm sich in die Luft zu erheben, nicht blos sich zerstreuen
und auf den Mutterstock begeben, müßte dieser einstweilen ver=
stopft oder bei Seite gestellt und dagegen der Triebling mit dem
Gesäße, in dem er sich befindet, auf dessen Stelle gebracht wer=
den, damit die aufgeflogenen Bienen sich wieder sammeln. Ob=
schon die Schwarmlust von der Kräftigkeit der Mutter und ihrer
Umgebung vorzugsweise abhängt, so glaube ich doch, daß es durch

das eine oder andere Mittel in den meisten Fällen gelingen dürf=
te, den Zweck zu erreichen. Möchten diejenigen Bienenfreunde,
die sich dafür besonders interessiren, hierüber verschiedene Versuche
anstellen; zu diesen will ich durch das Gesagte nur Veranlassung
gegeben haben.

Hat man seine Bienen in einfachen Wohnungen, als Kör=
ben, Klotzbeuten oder Kasten, die so weit von einander stehen, daß
noch ein Stock dazwischen aufgestellt werden kann, so ist das Fort=
schaffen des Trieblinges auf einen entfernten Stand ebenfalls nicht
nothwendig, indem man dem Trieblinge und dem Mutterstocke die
Hälfte des alten Platzes giebt, oder auch den Triebling auf den
vollen Platz des Mutterstockes, diesen aber auf die Stelle eines
andern starken nicht bequem abzutreibenden Stockes stellt. Der
letztere kann entweder darneben oder auch auf jeden andern belie=
bigen Platz gestellt werden. Der abgetriebene bekommt auf diese
Art durch Zuflug viel Volk und liefert nach 14 Tagen ziemlich
sicher einen oder mehrere schöne Nachschwärme. So sehr sonst
das Verstellen zu widerrathen ist, so ist es hier doch gefahrlos, weil
die Königin nicht umgebracht oder verstümmelt werden kann, da
keine vorhanden ist. Auch sind die Bienen durch den Verlust der
Königin so in Verlegenheit gebracht, daß sie nicht daran denken,
die zufliegenden feindlich anzufallen.

Auch bei den mehrfächerigen frei im Garten stehenden Stöcken
habe ich eine ähnliche Theilungsart schon mit günstigem Erfolge
angewendet, namentlich bei Doppelstöcken.

Nachdem ich von den zu theilenden Völkern die Trieblinge er=
halten hatte, indem ich die Mutter mit einem Theile des Volkes
entweder in den obern noch leeren oder vorher entleerten Raum
trieb oder sie auf den einzelnen Bruttafeln suchte und dann eine
angemessene Menge Bienen dazu schüttete, besetzte ich damit die
entsprechenden Fächer einer andern ganz gleichen leeren Wohnung
und stellte dann beide Stöcke so auf, daß die vom Felde kommen=
den Bienen sich zur Hälfte auf den alten, zur Hälfte auf den neuen

Stock schlugen, indem, während der alte Stock etwas nördlich von
der früheren Stelle gerückt wurde, der neue südlich zu stehen kam
oder umgekehrt. Doch kann der neue die Trieblinge enthaltende
Stock dem alten Platze etwas näher zu stehen kommen, damit ihm
mehr Bienen als dem alten zufliegen. Denn dieser erhält durch
die zahlreiche täglich auslaufende Brut fortwährend Verstärkung,
während bei den Trieblingen erst nach drei Wochen Brut auszu=
kriechen beginnt, binnen welcher Zeit ein großer Theil der vorhan=
denen Bienen sich verloren haben wird.

Obschon ein guter Stock außer einem Triebling oder Schwarm
auch noch einen auch zwei Nachschwärme geben und dabei immer
noch ein guter Zuchtstock bleiben, in guten Jahren wohl auch noch
einige Pfund Honig abgeben kann, so bleibt er doch wegen der
längeren Unterbrechung des Brutansatzes gegen einen der Königin
nicht beraubten starken Stock sehr zurück. Dem letzteren kann
man bei anhaltender die Brut begünstigender Witterung allwö=
chentlich einen mäßigen Schwarm Bienen entnehmen, ohne ihn
sonderlich zu schwächen, da ihm zehn, fünfzehn und mehrere Tau=
sende junger Bienen in dieser Zeit wieder auslaufen. Es ist da=
her vortheilhafter, solche Stöcke, in denen die Brut wegen eines
schönen von Drohnenwaben freien Brutlagers besonders gut ge=
deiht, ihrer Königin nicht zu berauben oder ihnen, wenn dies ge=
schehen ist, so schnell als möglich wieder zu einer solchen zu ver=
helfen. Das Zusetzen einer schon befruchteten Königin ist allerdings
das Sicherste, weil sie der Gefahr, beim Befruchtungsausflug ver=
loren zu gehen, nicht mehr ausgesetzt ist. Geschieht dieses Zusetzen
binnen acht, auch vierzehn Tagen, da noch viele bedeckte Brut in
den Zellen steht, so wird die neue Königin Alles aufbieten, um
die dazwischen leer gewordenen Brutzellen zu besetzen und alle
Lücken auszufüllen. Es ist dies ein Mittel die Fruchtbarkeit der
Königin auf das Doppelte und Dreifache zu steigern. Bei mei=
nen Stöcken habe ich hierzu ein einfaches Mittel darin, daß ich

5

hinter die erste oder zweite Bruttafel eine oder zwei leere einschiebe, oder eine Bruttafel aus einem andern Stocke vorhänge. Ist sonst das Volk stark genug, um die Tafeln auch nur mäßig zu belagern, so wird die Königin in kurzer Zeit die zwischen liegenden Tafeln mit Eiern besetzen, die man allenfalls weiserlosen Stöcken, Able= gern oder Mutterstöcken, die noch keine fruchtbare Königin haben, zum Ausbrüten einstellen kann.

Fügt man einem abgetriebenen oder auch nur der Königin beraubten Stocke, nachdem er seinen Zustand bemerkt hat, eine dem Ausschlüpfen nahe Weiserzelle ein, so ist die Unterbrechung des Brutansatzes auch nur kurz; und da solche Stöcke mit einer diesjährigen Königin gewöhnlich keine Drohnenbrut mehr ansetzen und auch an das Schwärmen nicht denken (es sei denn, daß sie eigene Mutterzellen angesetzt und diese nicht aufgebissen hätten, in welchem Falle die in der Zelle eingefügte Königin binnen wenigen Tagen herausschwärmt, was jedoch selten geschieht) so werden sie vorzügliche Honigstöcke und wegen der Jugend der Königin und der Stärke des Volkes für das nächste Jahr vorzügliche Zuchtstöcke.

Mit den bedeckten Weiserzellen läßt sich sehr Vieles erreichen. Es ist vortheilhafter die fruchtbaren Mütter zu den Ablegern aus diesen zu gewinnen, als sie starken Völkern zu nehmen und dadurch zu bewirken, daß nun täglich Tausende von Brutzellen unbe= setzt bleiben, die sonst würden besetzt worden sein. Dem einen und dem andern Stocke muß man von Zeit zu Zeit allerdings die Kö= nigin nehmen, um stets Weiserzellen zu erhalten; man nehme sie aber lieber den mittelmäßigen Stöcken, bei denen das Ausfangen auch leichter ist, namentlich solchen, welche zur Erzeugung vieler Drohnen geneigt sind, da es einmal ausgemacht ist, mögen die Gegner dagegen einwenden, was sie wollen, daß nach Entfernung der Königin ebenso dem Ansatze der Drohnen= als Bienenbrut Einhalt gethan wird. Damit möglichst viele Weiserzellen angelegt werden, füttere man die Bienen, besonders bei eintretender ungün= stiger Witterung, einige Tage fleißig und benütze dann auch mög=

lichst alle angesetzten Mutterzellen. Man warte, namentlich bei
etwas schwächeren Stöcken, nicht etwa, bis eine Königin ausge=
laufen ist, was schon am elften Tage erfolgen kann; man könnte
leicht alle übrigen Zellen schon aufgebissen finden. Kann ich die
Zellen nicht für jüngst abgetriebene Stöcke oder solche, denen beim
Ausflug die junge Königin verloren ging, benützen, so vertheile ich
Bruttafeln und die darauf sitzenden Bienen in so viel Wohnun=
gen, als Weiserzellen oder wenigstens als Bruttafeln mit Weiser=
zellen vorhanden sind. Die alten Bienen fliegen allerdings beim
nächsten Ausfluge auf ihren frühern Platz und der Stock wird fast
so stark als er vor der Theilung war, besonders wenn man ihm
für die entnommenen Bruttafeln andern Stöcken entnommene Schei=
ben einhängt. Weil aber die abfliegenden Bienen durch auslau=
fende junge ersetzt werden, die sich natürlich an die neue Stelle
halten, so erhält man doch ein zwar schwaches aber selbstständiges
Völkchen, das man, wenn die Mutter glücklich befruchtet wird,
durch beigetriebene Bienen oder eingesetzte Bruttafeln verstärken und
eingefügte Honigwaben ausstatten kann. Besser ist es allerdings
noch, die Verstärkung sogleich vorzunehmen und ich pflege auf den
Stand, auf den ich eine solche Vertheilung vorzunehmen beabsich=
tige, einen starken Triebling mitzunehmen, dem ich einige Schach=
teln Bienen zur Verstärkung der aus Brut und Weiserzellen ge=
bildeten Ableger entnehmen kann. Die Bienen allerdings, welche
bisher im Besitz einer fruchtbaren Mutter waren, wollen sich bei
einer bloßen Weiserzelle nicht recht beruhigen; weit eher thun sie
es, wenn aus einem andern Stocke auch eine Tafel mit junger
noch unbedeckter Brut mit eingefügt wird. Sind sie erst durch
eine Nacht im Stocke gewesen, so ist vollkommene Ruhe hergestellt
und durch eine kurze Zeit bis zum Einbruch der Nacht könnte man
etwa durch eine vor dem Flugloch befestigte sogenannte Bienenhaube
oder sonst ein kleines Sieb die Bienen hindern sich im ersten Auf=
ruhr zu zerstreuen und vielleicht auf andere Stöcke zu schlagen.

5*

Bei gewöhnlichen einfachen Stöcken wäre das Dunkelstellen das einfachste Beruhigungsmittel. Wenn die Königin noch in der Zelle sich befindet, ist für sie bei der Verstärkung keine Gefahr, wogegen die bereits ausgelaufene junge Mutter, selbst wenn sie schon befruchtet ist, in großer Gefahr schwebt und die Verstärkung dann mit Vorsicht, am allerbesten durch Brut, vorzunehmen ist. Eine noch ganz zarte, halb weiß aus der Zelle geschlüpfte Mutter ist dieser Gefahr weniger ausgesetzt. Solche habe ich, wenn sie aus einer Weiserzelle mir oft in der Hand auskrochen, eben abgetriebenen Völkern sogleich zugesetzt und sie wurden nicht angefallen, jedenfalls deshalb, weil sie sich gar nicht vernehmen lassen konnten und von den Bienen anfangs gar nicht beachtet wurden, wogegen die schon vollkommenen entwickelten durch ihr vorlautes Rufen sofort als Eindringlinge erkannt werden und eine allgemeine Verschwörung gegen sich erregen, von der einzelne Bienen selbst dann nicht lassen, wenn auch der größte Theil des Volkes sich für sie erklärt hat. Einem Volke seine alte Mutter zu nehmen und sogleich, bevor er selbst Mutterzellen angelegt hat, eine junge ausgelaufene zuzusetzen, wenn gleich eingesperrt, führt selten zum erwünschten Ziele. Nur ein durch drei bis vier Stunden bei der nöthigen Luft eingesperrtes seiner Königin beraubtes abgetrommeltes Volk, nachdem durch langes Brausen das Gefühl der Weiserlosigkeit und Verlegenheit sich aller Bienen bemächtigt hat, wird eine zugesetzte junge Königin allenfalls annehmen und kann, nachdem man noch etwa 24 Stunden den Bienen Zeit gelassen hat, sich mit der Königin vertraut zu machen, wie jeder andere Triebling weiter behandelt werden. Auch in diesem Falle aber wird eine den Bienen in der Wohnung, in welche man sie nun bringt, eingefügte Bruttafel zur Beruhigung viel beitragen und auch der Weiserlosigkeit für den Fall vorbeugen, daß die Königin beim Befruchtungsausflug verloren gehen sollte.

Vom Rauben.

Ueber das Kapitel vom Rauben hätte ich kaum etwas nach=
zutragen. Die Ansicht, daß es eine Art Bienen gebe, die nur
auf Raub ausgehen oder daß man Raubbienen machen könne, be=
darf keiner Widerlegung. Man kann zwar seine Bienen muthig
machen, daß sie über weiserlose und schwache Stöcke, wenn sie solche
auskundschaften, eben so muthig herfallen, wie über ein ausge=
kundschaftetes blühendes Raps= oder Buchweizenfeld; aber zum Rau=
ben sie förmlich anzuleiten, ist Niemand im Stande und kein Ver=
nünftiger würde es auch thun, da er sich selbst in Gefahr begäbe
seinen Stock zu verlieren. Stets ist der Beraubte an der Räu=
berei Schuld und wenn er fremde Bienen, die er selbst durch seine
Unkunde herbeigeführt hat, tödtet oder gar vergiftet, so sollte er
dafür bestraft, ihm auch das Bienenhalten ganz untersagt werden.
Wo indessen ein zahlreich besetzter Bienenstand in der Nähe ist,
wird auch der erfahrene und vorsichtige Bienenwirth von
fremden Bienen sehr belästigt werden. Das Klügste ist dann, sich
nach einem andern entfernten Platze bei einem etwa an einem
Waldrande stehenden einzelnen Hause oder einer Kolonie zur An=
legung eines Bienenstandes umzusehen, wo die Bienen auch viel=
leicht mehr Nahrung in der Nähe haben. Da die Wohnungen,
wie sie oben beschrieben worden sind, so wenig Raum einnehmen,
mit der Hinschaffung eines oder zweier größerer Wohnungen die
Anlegung des ganzen Standes beendet ist, so wird sich wohl man=
cher kleine Besitzer willig zeigen, gegen eine kleine Entschädigung
ein Plätzchen in seinem Garten zu bewilligen. Gefahr vor Die=
ben verdient keine Rücksicht, da sich die Stöcke dagegen so gut ver=
wahren lassen. Hält man dann bei eigenem Hause nur starke
Stöcke, die den feindlichen Anfällen Widerstand zu leisten im Stan=
de sind, so werden diese Angriffe mehr zum Schaden der Angrei=
fer als der Angegriffenen ausschlagen.

Vom Füttern.

Um nicht Raubbienen herbei zu locken, ist besondere Vorsicht beim Füttern zu beobachten. Ueber dieses ziemlich umfangreiche Kapitel vom Füttern der Bienen habe ich aus der neuesten Erfahrung Einiges mitzutheilen, was hier folgen soll. Bekanntlich unterscheidet man zwischen Fütterung aus Noth, die den Zweck hat, das Leben der Bienen bis zu der Zeit zu erhalten, da sie sich selbst wieder ernähren können, und zwischen Fütterung aus Spekulation, wodurch man die Bienen zum stärkeren Brutansetzen anregen will. Von der letzteren halten manche Bienenwirthe und Bienenschriftsteller sehr viel. Ich muß aber gestehen, daß mich meine Erfahrungen den Nutzen derselben nicht immer so groß haben finden lassen, daß das aufgewendete Futter dadurch wäre gedeckt worden. Wenn man reine Schwarmzucht treibt, wird man allerdings wohl thun, bei bereits herannahender Schwarmzeit die in der Bienenweide entstehenden Lücken oder Pausen durch Füttern auszufüllen, damit die Schwärme sich nicht verspäten, angesetzte Weiserzellen nicht aufgebissen werden und das Schwärmen vielleicht ganz unterbleibe. Sonst aber ist es besser die Bienen, wenn die Natur keine Nahrung für sie bietet, in Ruhe zu lassen, sie ihrem Instinkte zu überlassen, der sie lehrt sich recht ruhig zu verhalten und die Kräfte für bessere Zeiten zu sparen, und nur bei wirklich bevorstehender Noth zu füttern. Man wird zwar durch öfteres Füttern seine Absicht, die Brut zu vermehren, erreichen; auf der andern Seite aber veranlaßt man die Bienen zu nutzlosen Ausflügen, zum stärkeren Zehren, viele Bienen, indem sie selbst bei kaltem Wetter nach Blumenstaub ausfliegen, und, da sie in der Nähe keine Nahrung finden, sich weit entfernen, kommen um, die übrigen nützen Kräfte und Flügel ab, die Königin erschöpft ihre Fruchtbarkeit, so daß am Ende der Schaden des spekulativen Fütterns, besonders wenn damit vor der Zeit begonnen wird, eben so groß oder größer ist, als der Nutzen und Mühe und Ausgabe vergeblich aufgewendet wurde. Ich füttere zwar selbst oft ohne Noth, füttere da wo ich es lieber unterlaſſen ſollte und muß in dieſer Beziehung die Worte der Schrift auf mich ſelbſt anwenden: Nach meinen Worten richtet Euch, nicht nach meinen Handlungen. Ich thue es, theils weil ich mich des dadurch angeregten Fleißes, des munteren Fluges freue, theils um Vergleiche anzuſtellen, theils, weil ich auf entfernteren Ständen mir die Zeit nicht nehme zu unterſuchen, ob noch Vorrath vorhanden iſt, alſo der Sicherheit wegen für den Fall, daß die Bienen ſchon wirklich Noth hätten.

Das aus Spekulation, alſo wiederholt in kleinen Portionen und verdünnt gereichte Futter iſt, wenigſtens oft, nur verſchwendet, nicht ſo das den Bienen zur Erhaltung ihres Lebens und der etwa ſchon vorhandenen Brut gereichte Futter. Da man dies auf eine Art reicht, daß die Bienen, wenigſtens nicht anhaltend, zur Thätigkeit angeregt werden und davon nur ſoviel gezehrt wird, als das wirkliche Bedürfniß erfordert, ſo bleibt der etwaige Ueberfluß immer wieder für den Bienenwirth oder für die Bienen, um bei eintretender Weide deſto ſtärker den Bau und den Brutanſatz in Angriff nehmen zu können. Das Verſäumte holen die Bienen dann ſchnell nach. Heute befinden ſie ſich vielleicht noch in völliger Ruhe (und eine dem Winterſchlaf ähnliche Ruhe ſind ſie oft im Sommer zu beobachten genöthigt) und morgen ſchon können ſie eine erſtaunliche Thätigkeit innerhalb wie außerhalb des Stockes entwickeln, wenn ſich die Witterung zu ihren Gunſten plötzlich geändert hat, da ſie durch die Ruhe gleichſam neue Kräfte geſammelt haben.

Wäre ihnen aber der zur Erhaltung ihres Lebens nothwendige Vorrath auch nur kurz vor Eintritt der beſſeren Zeit ausgegangen, ſo wäre es natürlich mit ihrer Thätigkeit für immer aus. Man verſehe ſie daher, wenn ſie ſelbſt es nicht vermocht haben, lieber reichlicher als zu ſparſam mit der nothwendigen Nahrung. Dieſe kann man ihnen auf doppelte Weiſe zukommen laſſen. Entweder giebt man ſie ihnen flüſſig, daß ſie dieſelbe ſchnell nehmen, in ihre Zellen tragen und dann aus den Zellen nach Bedürfniß

zehren oder man reicht sie in einem etwas schwerer löslichen Zu=
stande, daß sie nur soviel allmählig davon auffaugen, als eben
zur Erhaltung ihres Lebens nöthig ist. Auch kann man ihnen
das bis zum Frühjahr nothwendige Quantum entweder auf ein=
mal oder wenigstens hinter einander reichen oder sie nach und nach
wie es das Bedürfniß erfordert, damit versorgen. Das beste weil
natürlichste Futter ist Honig, besonders Blumenhonig, in dem Zu=
stande, wie sie ihn selbst als Vorrath für den Winter besitzen, d. h.
in bedeckten Honigtafeln, dicht an oder über ihrem Lager angebracht.
Muß man in Ermangelung solcher Tafeln den Honig flüssig rei=
chen, so sollte dies nur dann geschehen, wenn die Witterung den
Ausflug gestattet, da die Bienen, so wie sie das flüssige Futter
gekostet haben, sofort sich enthäufen und auszufliegen verlangen.
Zu spät im Herbste zu viel flüssigen Honig einem Stocke zu rei=
chen ist nicht rathsam; von dem unbedeckt gebliebenen Honige zeh=
ren die Bienen stärker, leiden gegen das Frühjahr häufig an der
Ruhr und es gehen im Winter viele zu Grunde. Denn die voll
gespritzten Tafeln im Winterlager sind kühl und die Bienen, die
sonst nicht nur zwischen den Tafeln, sondern auch in den Zellen
des Winterlagers sitzen, können sich nicht in einen so dichten Hau=
fen zusammenziehen.

Könnte man also den Bienen auch nachträglich selbst im
Winter Futterportionen reichen, so hätte dies in jeder Art von
Wohnungen seinen großen Nutzen und in den mehrfächerigen auch
noch den, daß die Bienen, nachdem sie an der gemeinschaftlichen
Scheidewand, wo sie so sehr gern ihr Lager nehmen, allen erreich=
baren Honig verzehrt haben, nicht genöthigt wären ihren weiteren
Vorräthen nachzurücken und sich zu trennen. Im verflossenen
Winter bin ich nun auf eine eben so bequeme als zweckmäßige,
jedes Futtergeschirr entbehrlich machende, auch mitten im Winter
ohne den geringsten Schaden anwendbare Art, die Bienen mit
neuer Nahrung zu versorgen, verfallen, die ich nicht genug empfeh=
len kann, nämlich den Honig im festen Zustande in ein Blatt

Papier eingepackt und in jede beliebige Form gedrückt über oder neben den Sitz, im Frühjahr natürlich auch unter den Sitz der Bienen, einzustellen. Der im Sommer und Herbst entnommene Honig, wenn er nicht gekocht, sondern kalt ausgelassen, oder auch selbst mit dem Wachs eingestoßen ist, wird an einem kühlen Orte bald so fest, daß er sich wie Butter schneiden, in Papier einhüllen und zu beliebigen Formen, wie der Raum es grade erfordert, drücken läßt. Ich habe den Versuch gemacht, Portionen solchen Honigs den Bienen über den Belag an eine Spalte oder Oeffnung einzustellen, indem ich den Honig an dieser Seite etwas entblößte, Brettchen und Stroh darüber brachte, und habe diese Fütterungsart ganz vorzüglich befunden. Nach einem Monat fand ich den Honig verzehrt und nur das trockene halbzerfressene Papier zurückgelassen. Die kleinsten Völkchen, weil sie hier an die Nachbarn angelehnt ruhig bleiben konnten, habe ich so stark im Frühjahr gefunden, als sie im Herbste waren. Da man den Honig ganz kalt einstellt, anfangs nur wenige Bienen dazukommen, auch diese nur allmählig ihn auflösen können, so bleiben die Bienen, wenn sie auf andere Weise nicht gestört worden sind, in ihrer vollkommenen Winterruhe und der ganze Haufen erfährt kaum etwas von der Operation, die, wenn man die erforderliche Spalte schon früher vorbereitet hatte, in einer Minute abgemacht ist.

Auf ähnliche Art stellt man den Kandiszucker ein, der das beste Ersatzmittel des Honigs ist. In Stöcken aber, die sich trocken halten, vertraue man auf den Kandis nicht unbedingt. Den Bienen kann es allmählig an der zur Auflösung nöthigen Feuchtigkeit fehlen und sie können auf den Kandisstücken endlich verhungern, eigentlich verdursten. Kandis aber, auch wohl Farin, unter den Honig auf die vorbeschriebene Weise geknetet, wird mit dem Honige zugleich von den Bienen gewiß verzehrt werden.

Daß man im Frühjahr und Sommer dieses Futter auch unter den Bau der Bienen, entweder auf dem Boden des Stockes selbst oder auf einem Brettchen, einer Wachstafel oder irgend ei- .

em Gefäße anbringen kann, versteht sich von selbst. Man wird
urch dieses Futter die Thätigkeit der Bienen und den Brutan=
tz vielleicht mehr befördern, als durch flüssiges. Denn die Bie=
en, länger über der Auflösung des Futters beschäftigt und herab=
ängend, erzeugen größere Wärme, belagern mehr Brutzellen und
eranlassen die Königin auch, mehr Zellen mit Eiern zu besetzen.
)at man Tafeln mit Blumenmehl, so belegt man diese mit dem
arten Futterhonig. Die Bienen werden mit diesem zugleich das
Blumenmehl verzehren und es zur Brut verwenden, wenn deren
Sermehrung bezweckt wird. Das zur Verdünnung des Honigs
othwendige Wasser wird sich zum Theil in den Zellen dieser Ta=
l bilden, weil oberhalb die Bienen Wärme erzeugen, unterhalb
ber die Temperatur niedriger ist und einen Niederschlag der Dünste
wirkt. Man könnte auch in einen Theil der Zellen Wasser
ießen, daß die Bienen davon nach Bedarf nehmen können und
) nicht mit Lebensgefahr außerhalb des Stockes zu suchen brauchen.

Da dieses Futter auch von Raubbienen nicht so leicht und
)nell als flüssiger Honig fortgetragen, nicht durch einen unglück=
)hen Zufall vergossen werden kann, nicht zum Feuer gebracht,
)cht der Gefahr anzubrennen oder überzulaufen ausgesetzt zu wer=
:n braucht, sondern unmittelbar aus der Tonne oder dem Topfe
)ne alle Weitläuftigkeiten und Gefäße den Bienen gereicht wer=
:n kann, so wird wohl auch bei der anderweitigen Nützlichkeit
eser zu jeder Zeit anwendbaren Methode kein Bienenwirth An=
ind nehmen meinem Rathe zu folgen und nur auf diese
rt seinen Bienen die nothwendige Nahrung zu reichen.

Zum Füttern aber verwende man nur Honig, von dessen
einheit und Unschädlichkeit man überzeugt sein kann, damit man
cht die fürchterlichste aller Bienenkrankheiten, die Faulbrut, zum
usbruch bringe, worüber ich nach der Herausgabe meiner Bienen=
hrift gar unangenehme bald mitzutheilende Erfahrungen zu ma=
en Gelegenheit hatte. Sollte der Futterhonig auch etwas säuer=
h geworden sein, so hat dies nichts zu bedeuten. Ist er sonst

nur rein, von gesunden Stöcken genommen, so kann man ihn, namentlich stärkeren Stöcken, zu der Zeit, wenn die Witterung den Ausflug gestattet, unbedenklich reichen. Die unbrauchbaren Bestandtheile scheiden die Bienen in ihrem Leibe ab und geben sie beim Ausfluge von sich. Wäre der Honig aber anscheinend so schön wie Gold, er rührte aber von stark faulbrütigen Stöcken, so verursacht er auch bei den Bienen wieder Faulbrut, denen er zur Brutzeit gereicht wird, wenn auch diese pestartige Krankheit nur langsam und allmählig sich entwickelt und zum Ausbruch kommt. Auf den Winter gereicht und im Winter verzehrt, wenn keine Brut angesetzt wird, ist der Honig der faulbrütigen Stöcke von mir auch unschädlich befunden worden, wenngleich es immer gefährlich ist, damit zu füttern.

Womit soll man aber in Ermangelung zuverläßig reinen Honigs seine leichten Stöcke füttern?

Malz= auch Kartoffelsyrup, besonders Anfangs, um die Bienen anzulocken und daran zu gewöhnen, mit etwas Honig oder aufgelösten Zucker vermengt, ist das wohlfeilste Ersatzmittel des Honigs und im Frühjahr, da die Bienen bereits fliegen, jedenfalls unschädlich. Auch im Herbste, jedoch bei Zeiten, wenn die Bienen noch etwas eintragen und das Futter bedecken können, kann man ihn im Nothfalle reichen, obschon es in einem solchen Nothfalle rathsam wäre, wenigstens die Hälfte des Winterfutters in Kandisstücken den Bienen zu reichen. Man setzt den Kandis im Spätherbste den Bienen ins Haupt über oder unmittelbar neben ihren Sitz so ein, daß sie sich dahin ziehen, ihn umlagern und davon zehren können. Auch unterhalb des Lagers könnte man ihn anbringen; dann müßte aber der Bau stark verkürzt werden, daß die Bienen stark darunter hängend auch den auf Wachstafeln, Brettchen oder sonstigen flachen Gefäßen dicht darunter geschobenen Zucker belagern und wenigstens so lange davon zehren könnten, bis strenge Kälte sie nöthigt, sich ganz in ihren Bau zu verbergen. Bienenwohnungen, die sich leicht handhaben

laſſen, kann man auch umkehren oder wenigſtens umlegen und
dann vielleicht bequem das Futter einfügen. Bedeckte Honigta=
feln laſſen ſich auch gewöhnlichen Korbſtöcken auf dieſe Art am
leichteſten einfügen. Wenn ſie nach einiger Zeit von den Bienen
feſt angebaut ſind, was vielleicht ſchon durch die Nacht geſchieht,
kann der Stock wieder in ſeine vorige Lage gebracht werden, ob=
ſchon eingeſtellt Stöcke auch den ganzen Winter umgekehrt ſtehen
können. Stöcke mit kaltem Deckel werden ſo noch geſünder über=
wintern, wenn man auf den vielleicht etwas verkürzten Bau dünn=
ne Brettchen oder Wachstafeln, darüber Stroh oder Werg und
endlich das Bodenbrett giebt. Ein freier Ausgang muß den
Bienen natürlich gelaſſen werden. Bierbrauerei=Beſitzer oder die
eine ſolche in der Nähe haben, können ſich den Malzſyrup auch
ſelbſt bereiten und können von deſſen Unſchädlichkeit um ſo mehr
überzeugt ſein. Recht ſtarke, b. h. recht ſüße Bierwürze, von Luft=
malz oder wenigſtens recht gelind getrockneten Dörrmalz, natürlich
ohne Hopfen und Hefen, wird auf die Hälfte oder mehr einge=
kocht, durch Seihen oder ruhiges Stehenlaſſen geklärt und wieder
bei gelindem Feuer bis zu einem dünnen Syrup eingekocht. Zu=
letzt kann man des anlockenden Geruches wegen etwas Honig oder
Zucker beimengen und nochmals damit aufkochen laſſen. Was da=
von ſogleich verfüttert wird, kann nur ganz dünn ſein, weil die
Bienen zur Bereitung des Futterbreies ohnehin viel Waſſer brau=
chen. Was länger aufbewahrt werden ſoll, muß allerdings, damit
es nicht ſauer werde, etwas ſtärker gekocht werden, daß es dünnem
Honige gleicht. Setzt man dem verdünnt zu verfütternden Honige
ſtatt Waſſer Bierwürze zu, ſo vermehrt man die Futtermaſſe und
befördert dadurch Brutanſatz und Wachsbau außerordentlich. Nur
fange man mit dem Füttern nicht vor der Zeit, ſondern erſt ge=
gen die Zeit der Baumblüthe an und fahre lieber damit deſto län=
ger und ſtärker auch nach dieſer Blüthe fort, wenn die Bienen=
weide jetzt eine Unterbrechung leidet, bis ſich die Sommerweide
eingeſtellt hat.

Ist man genöthigt, bei noch rauher Witterung, im Februar und März, zu füttern, da die Bienen zu einem mit Futter untergesetzten Trögchen nicht leicht herabsteigen würden, so kann man ihnen flüssiges Futter, als Honig oder damit vermischten Malzsyrup oder aufgelösten Zucker, auch auf die Art bequem reichen, daß man dieses in die Zellen einer leeren Tafel einflößt und mit dem Finger einstreicht, was gemächlich in der Stube geschehen kann, und dann schnell bis fast an den Sitz der Bienen einhängt. Wenn die Bienen bereits einen Reinigungsausflug gehalten haben, dann aber unvermuthet noch kalte Tage kommen, habe ich diese Fütterungsart oft angewendet, da es mir nicht möglich ist, an einem schönen Tage die hilfsbedürftigen Stöcke auf allen meinen Ständen zu versorgen. Sie ist eben so bequem für die Bienen, die nur einen Zoll seitwärts zu gehen brauchen, um zu dem Futter zu gelangen, was ihnen auch bei strenger Kälte möglich ist, als auch für den Bienenwirth selbst, der Alles in der Stube verbreiten und dann nur eine oder mehrere Tafeln heraus zu nehmen und die gefüllte schnell einzuhängen braucht, wobei Anwendung von Rauch, da in wenigen Sekunden Alles abgemacht ist, kaum nöthig sein dürfte. Um die herabfallenden Tropfen aufzufangen, kann eine Wachstafel untergelegt werden. Die alten schwarzen Wachstafeln, in welche sich ihrer Festigkeit wegen das Futter mit Gewalt einstreichen läßt, sind dazu besonders brauchbar. Am besten ist es allerdings, wenn man bedeckte Honigtafeln in Reserve hat, nach schlechten Jahren wird man aber oft in die Nothwendigkeit versetzt, nicht nur mit flüssigem Honige sondern selbst mit andern Ersatzmitteln schon gegen Ausgang des Winters zu füttern, und da ist die eben erwähnte Fütterungsart auch neben Kandisfütterung schon deshalb zu empfehlen, weil es den Bienen zur Auflösung des trockenen Kandis allmählig an Feuchtigkeit fehlen könnte, die ihnen das verdünnte flüssige Futter wieder in hinreichender Menge bietet.

Sollte man bei einem Stocke mit dem Futter zu spät kommen, die Bienen schon leblos finden, so bringe man, wenn nicht den ganzen Stock, wenigstens den ganzen Bau mit den Bienen in die warme Stube. Geben die Bienen, wenn sie erwärmt worden sind, Lebenszeichen von sich, so besprenge man sie mit lauem verdünnten Honige, und sie werden, wenn sie nicht der Gefrierpunkt bereits durchdrungen oder der Zustand der Erstarrung schon zu lange gedauert hat, bald zu vollen Kräften gelangen. Man bringe sie dann wieder in ihre vorige Wohnung. Dieses kann am besten auf die Art geschehen, daß man sie in ein kleines auf das Fenster gestelltes Kästchen schüttelt, dasselbe mit einem Brettchen bis auf eine kleine Oeffnung bedeckt und, wenn sich alle Bienen, die von selbst dem Fenster (die übrigen kann man verhängen) zu fliegen, gesammelt haben, wieder in ihre Wohnung einschieben, nachdem man vorher den Bau eingehängt hat. Sonst kann man auch die Bienen in dem kleinen Kästchen oder in einer Schachtel, die natürlich einen Ausgang haben muß, bei etwas Honig oder elßigen Kandisstücken an einem dunklen Orte aufbewahren, bis ein freundlicher Tag sich einstellt, der das Einbringen derselben in ihre Wohnung ohne Verlust an Bienen möglich macht.

Sollten die Bienen nicht mehr zum Leben gelangen, so läßt sich der Bau, der in jeder andern Wohnung unbrauchbar wäre, in meinen Bienenwohnungen doch brauchbar machen, da man die in den Zellen steckenden Bienen herausklopfen und herausziehen kann. Man faßt die Tafel an dem unteren Ende und klopft mit dem oben darangebauten Stäbchen auf einen harten Gegenstand mäßig stark wiederholt auf, so werden die meisten todten Bienen aus den Zellen herausfallen und die übrigen halb darin stecken bleibenden können bequem erfaßt und herausgezogen werden. So läßt sich der Bau wieder rein und zur Aufnahme eines neuen Schwarmes oder Trieblings geeignet machen, der, wenn auch nur mäßig stark, doch zu einem guten Stocke sich ausbilden kann.

Bisweilen verhungern die Bienen nicht ganz, sondern nur

theilweise in einem oder mehreren Gängen. Auch in diesem Falle
wird man den Bienen einen großen Dienst erweisen, wenn man
die häufig in den Zellen steckenden Todten entfernt, welche heraus-
zuziehen den Bienen höchst beschwerlich ist, so daß sie aus Ver-
druß darüber nicht selten einen solchen Stock ganz verlassen.

In jeder andern Wohnung könnte man den Bienen diese
ihnen so nöthige Hülfe nicht angedeihen lassen. Man kann höchstens in den unten offenen Stöcken die todten bald schimmelnden
Bienen, die zwischen den Tafeln hängen, mit einem Stäbchen
mühsam hinausklopfen, niemals aber die in den Zellen steckenden
entfernen, die man nicht einmal sehen kann.

Verschimmelte, beschmutzte, auch bereits zu alte und zur
Bruterziehung weniger geeignete Wachstafeln lassen sich gegen
Ausgang des Winters, bevor viele Brut angesetzt worden ist, leicht
entfernen und durch reine und junge Tafeln ersetzen. Alle dergleichen Operationen, um bei kälterer Witterung nicht Bienen zu
verlieren und an warmen Tagen nicht Raubbienen anzulocken,
kann man bequem und gemächlich in der Stube vornehmen. Man
verliert dann bei einer etwaigen Uebersiedelung oder Versetzung eines Volkes aus einer Wohnung in eine andere oder aus einem
Bau in einen andern auch nicht eine Biene. Die abfliegenden
Bienen fliegen sofort dem Fenster zu, sammeln sich daselbst und
strömen freudig wieder in ihren Stock, wenn dessen Flugloch an
das Fensterbrett gebracht wird. Die etwa erstarrenden können mit
einer Feder leicht zusammengekehrt, erwärmt und zum Flugloche
eingelassen werden. Wenn die Bienen sich noch nicht allgemein
gereinigt haben, muß man auf Schmutzflecke gefaßt sein, dieselben
auch auf dem Fenster sofort abwischen, damit die Bienen selbst
daran sich nicht besudeln. Die mit einer fruchtbaren Königin
überwinterten kleinen Völkchen, so weit ich sie zur Ausbesserung
etwaiger weiserloser Stöcke nicht verwende, erhebe ich meist auf
diese Art zu volkreichen Stöcken, daß ich sie in einem kleineren
Kästchen auf das Fensterbrett stelle und von einem oder mehreren

ftarken ebenfalls in die Stube gebrachten Stöcken soviel Bienen
zufliegen lasse, oder auf eine etwas mit Honig bestrichene Tafel
gelockte Bienen zuschütte, als mir nothwendig scheint. Wegen der
Verlegenheit auf beiden Seiten fallen sich die Bienen höchst selten an, und sollte es erfolgen, so kann durch zugeblasenen Rauch
den feindlichen Angriffen bald Einhalt gethan werden. Das so
verstärkte Volk wird natürlich auf einen entfernteren Stand gebracht und dort aufgestellt oder eingesetzt, natürlich in eine mit
dem nöthigen Wachsbau ausgestattete Wohnung.

Diese Operation der Verstärkung läßt sich zwar an einem
schönen Tage im Bienengarten viel bequemer verrichten, indem man
etwa beim Beschneiden die auf den ausgeschnittenen Tafeln befindlichen Bienen zu dem zu verstärkenden Schwärmchen kehrt
oder die unter den verkürzten Bau in Masse sich anhängenden
Bienen nach etwa einer Stunde mit einer Schachtel abrafft und
zuschüttet; wenn man aber an solchen Tagen ohnehin von anderer Arbeit die Hände voll hat, verrichtet man an andern Tagen,
was nur immer vorzunehmen geht. Wer viele Korbstöcke besitzt
kann sich einen nach dem andern in die Stube bringen lassen und
daselbst sie bequem reinigen, untersuchen und beschneiden. Die
wenigen abgeflogenen und, wenn die Stube kühl ist, am Fenster
und in dessen Nähe erstarrenden Bienen, wenn man es nicht vorzieht, sie sogleich dem eigenen Stocke wieder zu geben, kann man
am Schluße der Operation in eine Schachtel zusammen kehren
und einem Schwächlinge zur Verstärkung geben. Die erstarrten Bienen, auch wenn man solche auf dem Schnee oder kalten
Erdboden hat sammeln lassen, kann man sehr bequem auch an
die Art einem Stocke zusetzen, daß man sie in der Schachtel, einem Futtertrögchen oder einer Untertasse oben mit Honig betröp-
pfelt oder mit Stückchen krystallisirten Honigs belegt dicht unter
den Sitz des zu verstärkenden Volkes bringt. Indem die Bienen
bald über den Honig herfallen und ihn auflecken, erwärmen sie
zugleich die erstarrten Bienen und nehmen sie friedlich auf

Soll aber eine solche Verstärkung von einigem Nutzen sein, müßte der Stock, falls eine Versetzung auf einen entfernteren und nicht möglich ist, wenigstens auf einige Wochen an einen fern Ort eingestellt werden. — Sollten die beigegebenen Bienen; h dann noch zum Theil auf ihre frühere Stelle fliegen, so hat e Anwesenheit doch dazu beigetragen, daß der Schwächling mehr hat ansetzen konnte, was um so mehr der Fall sein wird, wenn zeitweise mit etwas verdünntem Honige gefüttert wurde. Die= s darf aber niemals in der Stube geschehen, weil dann der größte heil des Volkes hervorströmen würde, wenigstens nicht bei Tage, dern nach angebrochener völliger Dunkelheit oder an einem voll= mmen finstern Orte. Denn das Flugloch darf niemals, am nigsten nach eingesetztem Futterkästchen, verschlossen werden. Höch= hs auf die Art kann man die Bienen am Abfliegen hindern, daß m vor das Flugloch eine Art kleines Schwarmnetz, Sieb oder e sogenannte Bienenhaube, wie man sie zum Schutz gegen Bie= nstiche häufig sich aufsetzt, anbringt, so daß die Bienen sich lüf= n, allenfalls auch reinigen können, obschon sie es lieber im Fluge n, dann aber, die Kühle der Luft spürend, wieder in ihren Stock eben. Doch müssen solche Beunruhigungen, wenn sie sich noch ht allgemein gereinigt haben, nicht oft und unnöthigerweise vor= nommen werden, weil sie die Ruhrkrankheit und den Tod vieler enen zur Folge haben würden.

Von den Krankheiten der Bienen.

In diesem Abschnitt hätte ich Einiges über die Ruhr, Meh= es jedoch über die Faulbrut, über welche ich seit Herausgabe ines Bienenbuches gar viele Erfahrungen zu machen Gelegen= t hatte, nachzutragen.

Die Ruhr stellt sich häufig gegen Ende des Winters ein und d durch Feuchtigkeit, welche von dem kalten Deckel der Woh= ng auf die Bienen einbringt und welche sie einzusaugen genö=

6

thigt werden, dann durch häufige zum stärkeren Zehren veranlas-
sende Beunruhigung, durch Erkühlung und durch ungesunden, spät
eingetragenen nicht hinreichend geläuterten, unbedeckt gebliebenen
und an sich schon zu viel Schleimtheile enthaltenden Honig verursacht. Wenn in der Nähe von Waldungen die Bienen in einem Jahre nur Honig von der Fichte, Tanne oder von Honig-
thauen eingetragen haben, die Blumennahrung aber gänzlich fehl
schlug, bricht nach einem darauf folgenden harten und langen Winter die Ruhr auch bei den stärksten Stöcken, bei den schwächern
aber um so mehr aus, als hier auch die Verkühlung mitwirkt.

Das beste Mittel dagegen ist, so lange die Witterung den
Ausflug nicht gestattet, in Stöcken eingestellter Kandiszucker, der
erwärmend, die übrige Feuchtigkeit absorbirend, stopfend und stär-
kend wirkt. Stellen sich aber warme Tage ein, welche Reinigungsausflüge erlauben, so wird Fütterung mit erwärmtem verdünntem Blumenhonig, besonders vom Buchwaizen gesammeltem, oder
auch aufgelöstem Zucker in sofern gute Wirkung thun, als dadurch
die Reinigung beschleunigt und erleichtert wird. Das Futter ist
daher zur wärmsten Tagesstunde zu reichen. Haben sich die Bienen erst allgemein gereinigt, so ist das Uebel meist gehoben, höchstens wären noch die beschmutzten Tafeln herauszuschneiden. Gänzliches Entfernen derselben und Erhitzen durch andere reine oder,
da auch die Wände der Wohnung gewöhnlich stark verunreinigt
werden und einen üblen Geruch verbreiten, Uebertreiben des Volkes in eine neue Wohnung und einen neuen Bau, ist das beste,
die Folgen der Krankheit gänzlich beseitigende Mittel. Kann man
die Wohnung nicht vertauschen, weil sie z. B. eine Abtheilung eines größeren Ganzen bildet, so kann man doch Bau und Bienen
herausnehmen, in ein anderes Kästchen einstweilen stellen, die ent-
leerte Wohnung durch Abschaben, Auswaschen, Ausbrennen vollkommen reinigen und die Bienen in dieselbe wieder einsetzen.
Selbst die beschmutzten Tafeln, wenn man sie durch reine nicht
ersetzen könnte, ließen sich durch Wasser und Bürsten vollkommen

reinigen und könnten an der Luft oder am Ofen getrocknet wieder eingestellt werden, wodurch man den Bienen viele verdrüßliche Arbeit ersparen würde.

So sehr auch bisweilen das Volk an der Ruhr schwindet, so unterliegt ihr doch die Königin niemals, weil sich in ihrem Leibe niemals Unrath anhäufen kann, was diejenigen wohl erwägen mögen, welche, aller Erfahrung zum Trotz, von Reinigungsausflügen der Königin fabeln.

Von der Faulbrut.

Ohne Vergleich gefährlicher, weil anstecend und den davon befallenen Stock fast sicher zu Grunde richtend, ist die Faulbrut. Bis zum Frühjahr 1848 kannte ich sie fast nur aus Bienenschriften. Obschon ich meine Bienen oft mit halbverdorbenem Honige, mit Malz- und Kartoffelsyrup, Bienensaft und dgl. fütterte, obschon die Bienen Mehl von der nahen Mühle eintrugen, ich selbst ihnen solches reichte, waren sie doch stets munter und gesund. Als ich aber im Frühjahre des genannten Jahres eine Tonne amerikanischen Honigs verfüttert hatte, welchem Honig von faulbrütigen Bienen beigemengt gewesen sein mußte, brach zwar nicht sobald, sondern allmählig, im Sommer und gegen den Herbst hin die verderbliche Krankheit auf allen meinen Ständen aus und raffte mir im Laufe der drei folgenden Jahre gegen 5 bis 600 Stöcke hin, indem nicht nur die 360 Stöcke, welche ich damals besaß, bis auf etwa 10 ausgeschnitten werden mußten, sondern auch viele der nachgezogenen jungen Stöcke sich ebenfalls ansteckten und zu Grunde gingen.

Es ist das eine in der That räthselhafte Krankheit. Wenn der Honig von faulbrütigen Bienen einem gesunden Stocke gereicht auch der Brut unmittelbar nicht sofort tödtlich wird, so impft er doch dem Stocke den Krankheitsstoff ein. Aber auch auf andere Weise wird die Krankheit verbreitet und auf andere Stöcke

6*

übertragen. So enthält eine von einem faulbrütigen Bienenvolke bewohnte Wohnung den Ansteckungsstoff jahrelang; ja die Stelle, an welcher ein faulbrütiger Stock gestanden hat, kann bei meinen darauf gestellten gesunden den Ausbruch der Krankheit zur Folge haben. Dessen ungeachtet kommt in einem mit Faulbrut ganz erfüllten Stocke ein Theil der Brut doch wohl ausgebildet und munter aus den Zellen hervor, so daß der Geruch oder Dunst allein der Brut unmöglich tödtlich sein kann. Ueberlebt ein nicht gar zu faulbrütiger Stock überhaupt den Winter, so finden sich unter den ersten Generationen im Frühjahre gewöhnlich wenige oder keine faule Brutzellen, die Zahl derselben nimmt aber im Laufe des Jahres im steigenden Verhältniß zu, so daß im Nachsommer und Herbste wenige oder keine reinen Brutzellen vorhanden sind. Kein vernünftiger Bienenwirth wird aber einen faulbrütigen, auch nur der Faulbrut verdächtigen Stock in den Winter nehmen, sondern ausschneiden und den Honig, so rein er sonst zu sein scheint, anderwärts, nur nicht zum Bienenfutter verwenden. Zwar tritt die Faulbrut in zweifacher Art auf, von denen die eine mehr, die andere weniger gefährlich und ansteckend ist. Die gefährlichere erscheint in der Weise, daß meist erst die bereits bedeckte Brut abstirbt, in eine bräunliche zähe oder schleimige Masse übergeht, welche allmählig auf der untern Seite der Zelle zu einer schwarzbraunen Kruste eintrocknet. Ein Theil der Brut stirbt als Nymphe, ein Theil als Larve nach, auch wohl schon vor der Bedeckung. Den Tafeln und dem ganzen Stocke, wenn man an das Flugloch riecht, entströmt ein eigener Geruch, der dem verdorbenen Leimes ähnlich ist. Die Bienen sind nicht im Stande die faule, auch schon eingetrocknete Masse, die ihnen höchst zuwider sein muß, zu entfernen.

Bei der andern weniger gefährlichen Art stirbt meist die noch auf dem Boden gekrümmt liegende Larve ab, und trocknet zu einer gelblichen scharfartigen Kruste zusammen, welche bei einigem Druck sich ablöst und die Zelle vollkommen rein läßt. Die Bruttafeln verbreiten fast keinen Geruch; nur wenn man eine solche

faule Made aus der Zelle nimmt und die Masse, die bald mehr
wässrig bald mehr käseartig aussieht, zerreibt, so empfindet man
einen stark widerlichen, dem verdorbenen Fleisches ähnlichen Ge=
ruch. Diese letztere Art der Faulbrut scheint auch durch die Wit=
terung oder etwas schädliche Nahrung, vielleicht auch Erkältung
veranlaßt zu werden, sich bei manchen Stöcken, wenn sie nicht sehr
überhand genommen hat, auch wohl wieder zu verlieren. Doch
greift sie oft auch schnell um sich und richtet den Stock zu Grunde.
Man erwähle daher den besten weil sichersten Theil, betrachte sie
gleichfalls für ansteckend und behandle die davon befallenen Stöcke
auf dieselbe Weise wie diejenigen, in denen die gefährlichere Art
ausgebrochen ist. Worin besteht nun diese

Behandlungsart?

Das einfachste und beste Mittel wäre einen offenbar faulbrü=
tigen Stock sofort zu kassiren und nicht erst Zeit und Mühe auf
die höchst ungewisse Kur zu verwenden; und wenn man die Faul=
brut im Nachsommer oder Herbst bemerkt, so wäre es thöricht auch
nur daran zu denken den Stock zu überwintern, es sei denn der
Königin wegen, um damit einem weiserlosen im Frühjahr helfen
zu können. Selbst das Vereinigen der Bienen mit einem gesun=
den Stocke ist gefährlich. Man thue es nicht sofort, sondern halte
sie etwa drei Tage in einem leeren Korbe, bis sie allen Honig
verzehrt, auch den ihnen anhaftenden Geruch verloren haben.

Bemerkt man aber die Faulbrut im Frühjahr oder Vorsom=
mer, so entschließt sich ein Bienenwirth, besonders wenn er nicht
viel Stöcke zu verlieren hat, zum sofortigen Ausschneiden nicht
gern, besonders, wenn die Bienen noch in ziemlicher Menge vor=
handen sind. Ich verfuhr dann auf folgende Weise: Jedem Stocke,
bei dem ich nur einige Faulbrutzellen bemerkte, nahm ich sofort
die Königin und machte mittelst derselben einen Ableger, indem
ich Bienen aus gesunden Stöcken zuschüttete und den Schwarm
auf einen andern Stand brachte. Auf diese Art erhielt ich immer
gesunde junge Stöcke und überzeugte mich, daß die Faulbrut nie=

mals etwa in einer Kränklichkeit der Königin ihren Keim hat. Bei dem faulbrütigen Stocke hörte jetzt alles Brutansetzen auf, die noch zahlreich vorhandene gesunde Brut lief binnen drei Wochen aus, worauf der Stock ohne Schaden ausgeschnitten werden konnte. Weil aber die zu Königinnen erwählten Larven, da sie reichlicher als die andern mit Futterbrei versehen werden, besonders leicht ab= sterben und statt sich zu Königinnen zu entwickeln, in Fäulniß über= gehen können, so mußte ich mir stets Ueberzeugung verschaffen, ob auch wenigstens eine junge Mutter gerathen sei. Dies kann der Weiserzelle schon einige Zeit vor ihrer Reise angesehen werden. Wenn die Larve abgestorben ist, liegt sie unten an der Spitze zu= sammengefallen und gekrümmt, und giebt hier der Zelle, durch welche sie durchscheint, eine dunklere Farbe. Noch deutlicher kann man sich von der Beschaffenheit der Weiserzelle überzeugen, wenn man sie mit oder ohne Tafel herausnimmt und gegen die Sonne hält. Ist nichts Dunkles der Zelle Anklebendes zu sehen, bemerkt man vielmehr, daß beim Herumwenden der Zelle auch die darin enthaltene Nymphe hin und her fällt, so ist die Zelle gut. Man kann allenfalls auch eine kleine Oeffnung an der Seite machen. Verschließt man nur diese bald mit einem Tröpfchen Wachs, so hat dies weiter keinen Nachtheil. Hat man zu gleicher Zeit oder schon früher einem gesunden Stocke die Königin genommen, so ist das Einfügen einer übrigen Weiserzelle das sicherste Mittel, dem faulbrütigen zu einer jungen Königin zu verhelfen. Man glaube aber nicht, der Stock werde wieder gesund, wenn man ihn rein ausschneidet und einen frischen Bau aufführen läßt. Ich habe faulbrütige Bienen im Winter in der Stube in eine neue Woh= nung, einen neuen reinen Bau übertrieben, sie dann nur mit rei= nem Honige gefüttert und dennoch blieben sie faulbrütig, indem sie den Krankheitsstoff hinüber brachten und sowohl die Wohnung als den Bau damit ansteckten. Nur im Sommer, wenn ich das faul= brütige Volk erst in ein luftiges Transportkästchen oder einen Korb brachte, etwa zwei Tage darin hielt und jetzt erst in die ihm an=

gewiesene neue Wohnung einsetzte, ohne irgend einen Bau vorzu=
richten, zeigte sich der Stock in der Folge meist gesund, nament=
lich dann, wenn er eine noch unbefruchtete Königin hatte, so daß
bis zum Beginn des Brutansetzens noch einige Tage verflossen,
binnen welcher Zeit die Bienen den in ihnen etwa noch enthalte=
nen ungesunden Stoff zu Wachs verdaut hatten.

Nachdem ich diese verwünschte Krankheit, die mich um den
Ertrag dreier ziemlich guter Bienenjahre 1848, 49 und 50 gebracht
hat, erst so weit gedämpft hatte, daß der bei Weitem größte Theil
meiner Stöcke davon befreit war, zog ich aus dem Uebel insofern
einen Nutzen, daß ich die wenigen noch kranken Stöcke zur Ge=
winnung fruchtbarer Königinnen benutzte, indem ich, so wie er eine
neue gewonnen und diese zu legen begonnen hatte, sie wegnahm
und ihm überließ, sich eine neue zu erziehen oder aus einer einge=
fügten Zelle zu erbrüten, um sie nach ihrer Befruchtung abermals
zur Herstellung eines Ablegers auszufangen. So konnte ich den
gesunden Stöcken die Mutter belassen und ihnen, da der Brutan=
satz keine Unterbrechung litt, dafür desto mehr Bienen entnehmen.
Auf diese und ähnliche Art kann man in andern Bienenwohnun=
gen allerdings nicht so bequem verfahren. Das Ausfangen der
Königin, das Einfügen der Weiserzellen ist mühsam; selbst darü=
ber, ob ein Stock gesund oder faulbrütig sei, erlangt man bei an=
dern Bienenwohnungen oft erst zu spät Gewißheit, nachdem man
vielleicht durch den Honig eines für gesund gehaltenen in der That
aber kranken Stockes bereits mehrere andere angesteckt hat. Meine
Kastenstöcke haben auch in dieser Hinsicht den großen Vorzug, daß,
da sie in jede Zelle, auch im Herzen des Stockes, den Einblick ge=
statten, man bei einiger Aufmerksamkeit die Krankheit schon bei
ihrem Beginn bemerken kann.

Man hat gegen die Faulbrut mancherlei Mixturen aus ver=
schiedenen Ingredienzien empfohlen. Daß diese allein den Stock
nicht gesund machen können, versteht sich von selbst. Könnten sie
auch in dem Körper der Bienen das Gift zerstören, so können sie

unmöglich den ganzen Bau und die inficirte Wohnung, die selbst
ein gesundes Volk wieder faulbrütig macht, rein und gesund ma=
chen. Das Uebertreiben in eine frische Wohnung ist bei der gan=
zen Kur das wesentlichste Mittel. Bei der Unsicherheit des Er=
folges aber ist es in Gegenden, wo gute Zuchtstöcke leicht zu ha=
ben sind, das Gerathenste, jeden faulbrütigen Stock sofort zu ent=
fernen und nicht gesunde Stöcke der Gefahr der Ansteckung auszu=
setzen, die sich durch Ausraubung des faulbrütigen weit verbreiten
könnte. Wenigstens sondere man die kranken Stöcke von den ge=
sunden ab und versetze den einen Theil derselben auf einen entfern=
ten Stand, daß sie nicht mit einander in Berührung kommen.

Besser ist es freilich, wenn man hierüber erst keine eigene Er=
fahrung macht, welche immer höchst verdrießlich ist. Die Krank=
heit zu verhüten, ist auch viel leichter als die bereits ausgebrochene
zu beseitigen. Man sei höchst vorsichtig beim Ankauf fremden Ho=
nigs zum Bienenfutter, besonders im Frühjahre; denn zur Herbst=
fütterung habe ich auch den Honig von faulbrütigen Stöcken häufig
ohne Nachtheil verfüttert. Es ist nicht grade nothwendig, daß man
die schönsten Honigtafeln, wie viele Bienenzüchter empfehlen, zum
Füttern reservire; grade der Honig, den wir den unreinsten nen=
nen, weil er viel Blumenmehl enthält, ist zum Bienenfutter am
besten, wenn nur der Stock, von dem er herrührt, sonst gesund ist.
Da das Blumenmehl in den Tafeln, die man schon im Herbste
gewinnt, durch den Winter leicht schimmelt, vertrocknet und den
Bienen ungenießbar wird, so kann man es, wenn man es nicht
vorzieht, die damit versehenen Wachstafeln mit Honig zu übergie=
ßen, auch ganz in den Futterhonig einrühren oder einstoßen. Die=
ser Honig, im Frühjahr entweder aufgelöst oder in Stücken den
Bienen vorgesetzt, wird ihnen eine eben so angenehme als gesunde
Speise sein und sie zum Brutansetzen sehr reizen. Sie werden
das darin enthaltene Blumenmehl eben so begierig als den Honig
verzehren und nur die trockenen Wachsblättchen übrig lassen. Statt
fremden Honig, von dessen Reinheit man nicht überzeugt ist, be=

ſonders Tonnenhonig, zum Futter ſeiner Bienen zu verwenden, nehme man lieber zu unſchädlichen Erſaßmitteln, über welche früher geſprochen wurde, ſeine Zuflucht. Nach einem Mißjahre reducire man lieber die Zahl ſeiner Stöcke, wintere nur einen Theil derſelben ein, wähle zu Ueberſtändern diejenigen, welche junge Mütter, nicht zu alten aber auch nicht zu jungen und zu kalten Bau haben, bewahre den Bau der jungen Stöcke für künftige Schwärme oder Trieblinge auf und man wird nach einem folgenden guten Bienenjahre leicht die dreifache oder vierfache Zahl der Stöcke wieder haben.

Der Hauptfehler,

den viele, wo nicht die meiſten Bienenwirthe machen, woburch ſie des Ertrages ihrer Bienen ſich ſelbſt verluſtig machen, iſt dieſer, daß ſie Stöcke in den Winter nehmen, die der Einwinterung nicht werth ſind. Dieſe verzehren, was die guten Stöcke eingetragen haben, und gehen, nachdem ſie es verzehrt haben, am Ende noch ein oder bleiben ſelbſt im folgenden Jahre nur ärmliche Stöcke, die von guten dieſjährigen Schwärmen oder Trieblingen bei weitem übertroffen werden. Um aber die Ueberſtänder auswählen zu können und ſie nicht ſo nehmen zu müſſen, wie man ſie eben hat, mit altem Bau, alten Müttern u. ſ. w., muß man auch ſtets auf Vermehrung bedacht ſein, ohne dieſe wiederum zu übertreiben und ſtatt guter Zuchtſtöcke lauter Schwächlinge zu beſitzen.

Erklärung der Figuren.

No. 1 verdeutlicht, wie der einfache Thorſtock von einer jeden der Gie= belſeiten ſich ausnimmt. Es iſt hier nur der aus drei Lattenſtücken und dem darüber befeſtigten halbkreisförmigen Ausſchnitte zuſammengefügte Kranz zu ſehen, hinter welchem ſich die gleich ſtarken und bis auf die ſcharfen Ecken ganz gleichen, jedoch ſchraubenartig, wie bei allen Strohkörben, ſich an ein= ander reihenden Strohringe oder Wülſte verbergen. Außerdem ſind auch die Kanten oder eigentlich Enden der beiden dünnen Brettchen ab, ab, wo= mit der Stock ausgefüttert iſt, und das Bodenbrett b b, an welches dieſe Brettchen angenagelt ſind, zu ſehen. In der Thüre iſt durch den Strich, wobei f ſteht, die Stelle bezeichnet an welcher das 2 bis 3 Zoll breite und 1/2 Zoll hohe Flugloch am zweckmäßigſten anzubringen iſt. Die die Wachs= tafeln tragenden Stäbchen werden auf die Kanten a a der gedachten dünnen Brettchen aufgelegt, beſſer aber noch in Fugen, welche 1/2 Zoll tiefer einge= hobelt worden ſind, eingeſchoben. Die mehrerwähnten dünnen Seitenbrett= chen ab ab könnten zu beiden Seiten um ſo viel kürzer ſein, als die Thüre dick iſt, ſo daß ſich die letztere daran lehnte; dann müßten aber die Latten= ſtücke oder Pfählchen wenigſtens 1/2 Zoll die Thüre an Stärke übertreffen. Beim Zumachen der Thüre aber, wenn viele Bienen darauf ſitzen, würde manche an der Kante der Brettchen zerdrückt werden, ſo daß ich es vorziehe, den Brettchen die volle Länge des ganzen Stockes zu geben und die Thüre zwiſchen dieſelbe einzuſchieben; dieſe kann ſich, damit ſie nicht tiefer in den Stock bringt, als nöthig iſt, an einige eingeſchlagene Nägelchen oder an ei= nen ganz kleinen dazu hergeſtellten Abſatz anlehnen.

Daß der Stock weiterhin auch äußerlich eben ſo gewölbeartig abgerun= det iſt, als innerlich, verſteht ſich von ſelbſt. An dem an beiden Enden der Haltbarkeit wegen angebrachten hölzernen Kranze laſſe ich aber äußerlich die Ecken ſtehen, wobei ſich dann das Dach, welches entweder aus zwei breitern oder drei ſchmälern Brettchen beſtehen kann, bequemer anpaſſen läßt, wenn man den Stock nicht in einer Bienenhütte ſondern unter freiem Himmel aufſtellt.

No. 2 veranſchaulicht einen Doppelthorſtock. Doppelt ſo breit gemacht als der einfache, iſt er durch ein Brett cd der ganzen Länge nach in zwei gleiche Theile getheilt. Bei e iſt zu beiden Seiten eine Fuge zum Einſchie= ben der Leiſten eingehobelt, genau der bei a a gegenüberſtehend. Die Flug= löcher ſind am beſten in den Seiten in der halben Länge 1 Zoll vom Boden= brett anzubringen, ſind alſo aus den beiden Fächern nach entgegengeſetzten Himmelsgegenden gerichtet, wie in den ähnlichen in der Theorie und Praxis beſchriebenen durch die Fig. 5 daſelbſt veranſchaulichten Doppelſtöcken aus Bohlen. Zwei oder drei ſolchen kreuzweis übereinander geſtellten Doppel= ſtöcken kann ein Doppelthorſtock als oberſter und letzter aufgeſetzt und über ihm aus drei etwas breiteren und etwas vorſpringenden Brettſtücken das gemeinſchaftliche Dach angebracht werden. Damit die drei das Dach bilden= den Bretter eine feſte Lage erhalten, ſind an dem halbkreisförmigen Aus= ſchnitte äußerlich die Ecken gelaſſen worden, an welche ſich das Dach allen= falls aufnageln läßt. Sonſt könnte man auch die äußere Kante abrunden, damit ſie mit der gewölbten Oberfläche des ganzen Stockes zuſammenfalle. Wollte man einen ſolchen Stock in einer Hütte aufſtellen, in welchem Falle die Fluglöcher aus beiden Fächern nach einer Seite gerichtet ſein müßten, ſo könnten ſie nur in den beiden Thüren des einen Giebels ihre Stelle fin= den, müßten dann aber durch ein vorſtehendes Brett geſchieden werden.

No. 3 A stellt zwei dicht an einander gerückte Sechsbeuter vor von der Seite betrachtet. Bei der angedeuteten Lage kommen die Fluglöcher gegen 3 Fuß, folglich weit genug von einander zu stehen, um dem Verirren vorzubeugen.

Die beiden Unterschwellen so wie das Dach müssen so lang sein, daß die Stöcke 2 Fuß auseinander gerückt werden, für den Sommer auch so weit von einander entfernt stehen können.

No. 3 B giebt die Ansicht der Giebelseite eines jeden der beiden Sechsbeuter. Durch das zuerst in der Mitte aufgenagelte etwas stärkere Brett gehen die Fluglöcher aus den beiden mittleren Abtheilungen. Die zu beiden Seiten aufgenagelten Bretter, deren Kanten ac und bc schief abgehobelt sind, greifen etwas über das erste, so daß kein Ritz entsteht, wenn sie auch etwas beim Austrocknen schwinden. s s deuten die Schwellen an. Die unter die Fluglöcher des bequemeren Anflugs wegen zu nagelnden oben schief abgehobelten etwa 5 Zoll langen Klötzchen hätten auch noch angedeutet werden können, was jedoch unterblieben ist.

No. 4 zeigt die vier etwa 5 Fuß langen zu einer Art Kreuz mit einander verbundenen Riegel- oder Schwellenstücke, um die vier Bierbeuter auf die Art, wie unten angedeutet ist, darüber auf- und zu einem Pavillon zusammen zu stellen. O zeigt den viereckigen einzuschließenden Raum, dem eine darunter befindliche Grube entspricht.

No. 5 stellt die Grundfläche, eigentlich den wagerechten Durchschnitt eines der Bierbeuter vor. Er ist hier besonders deshalb abgebildet, um deutlich zu machen, auf welche Art zu beiden Seiten die 4 bis 5 Zoll breiten Latten oder Brettstreifen ca und db aufgenagelt werden. Zwischen die Vorsprünge bei a und b wird der große die vier Oeffnungsthüren gemeinschaftlich bedeckende Laden eingefügt und durch Wirbel oder Nägel gehalten. Unten stützt sich dieser Laden entweder auf die vorbeschriebenen Schwellen oder auf einen Vorsprung des Bodens des Stockes. Die punktirte Doppellinie deutet die Thüren zu den einzelnen Fächern an. Diese Thüren haben genau die Breite, als die einzuschiebenden Stäbchen lang sind, indem für die Thüren, damit sie sich hinten anlehnen, grade so viel von den Wänden weggehobelt wird, als die hier natürlich nicht zu sehenden Einschnitte für die Stäbchen tief sind.

No. 6 zeigt die Art der Zusammenstellung der vier Bierbeuter zu einem pavillonartigen Ganzen auf den durch No. 4 veranschaulichten Schwellen oder auch auf einer Untermauerung. In den stumpfen Winkeln oder Ecken f f kommen in entsprechender Höhe die Fluglöcher, das untere etwa 13 Zoll vom Boden, das obere 14 Zoll von der Decke innerlich gemessen. Sie gehen natürlich durch die äußerlich aufgenagelten Latten und die Wand des Stockes. Nachdem sie zuerst in der letztern dicht an der Thüre eingeschnitten worden, brauchen an entsprechender Stelle nur in der Latte vor der Aufnagelung Einschnitte von der schiefen Kante aus gemacht zu werden. Die punktirten Linien f f deuten die aus dünnen Brettern oder auch Schindeln herzustellenden Wände zur Verbauung des Winkel des durch die Stöcke gebildeten Kreuzes. Hinter die schiefen Kanten der Latten f f geschoben erhalten diese Wände ohne jede andere Befestigung eine feste Lage, besonders nachdem die dreieckigen dahinter befindlichen Räume ausgestopft worden sind. Obschon sie sich an der bezeichneten Stelle schon von unten erheben könnten, so gewinnt doch der Stock sowohl an schönem Ansehen als an Zweckmäßigkeit, wenn er am Fuße einen etwas größern Umfang hat. Eine jede der vier Wände erhebt sich daher von unten etwa an der durch a b bezeichneten Stelle bis 2

oder 3 Zoll unter die unteren Fluglöcher. Hierüber kommt schief ein Brettchen von der Form abff dicht unter die Fluglöcher (ein gleiches kommt auch
unter die oberen) um den Bienen den Anflug zu erleichtern und über diesem
Simse erhebt sich erst die Wand in der Richtung ff. Man muß es einzu-
richten suchen, daß die zwei benachbarten Fluglöcher ff etwa 2 Fuß oder 24
Zoll von einander zu stehen-kommen. Diese Länge wird aber die dem rechten Winkel e gegenüberstehende Seite ff haben, wenn die den rechten Winkel einschließenden Seiten 17 Zoll lang sind. Hätten die einzelnen Stöcke
nicht die entsprechende Tiefe, so mußten sie bei e nicht zusammenstoßen und
der beliebige Abstand durch ein von der Ecke des einen bis zu der des andern reichendes aufrecht gestelltes Brett ausgefüllt werden, so daß in der
Mitte nicht ein viereckiger, sondern achteckiger Raum gebildet würde, was
ganz gleichgültig ist. Bei geringerer Tiefe könnte dann den Stöcken verhältnißmäßig an Höhe zugegeben werden; es würden dann die beiden Fluglöcher übereinander noch entfernter zu stehen kommen, obschon sie bei der
in der Beschreibung angenommenen Höhe schon 3 Fuß, also hinreichend weit
auseinander stehen.

Gedruckt bei C. Falch in Brieg.

CPSIA information can be obtained
at www.ICGtesting.com
Printed in the USA
BVHW03*1635130818
524338BV00004B/10/P